昭和

平成
1989
~
2019

和

风

Shōwa しょうわ

Heisei へいせい

1926
~
1989

成

雨

当代日本的过去与现在

沙青青 ——

著

漓江出版社

目 录

第二部分：球

第三部分：书

序

对一段历史的叙述和考察，可以有不同的方法和角度。一种是面面俱到，平铺直叙，照顾到了方方面面，但也可能因此而湮没了一些亮点。还有一种就如本书作者那样，将一些观察和思考中的吉光片羽串联起来，以意识流的方式展现，赋予人们对时光变迁的咀嚼回味和浪漫想象。

我常常惊叹于学术界"后浪"的学术功底和创作能力。我一直有个观点，沙青青一代以及他以后的几代人，应该会耸立起中国学术史的又一个高峰。他们从小受过系统、良好的学术训练，有广阔的国际视野，并具有安安心心做自己喜欢的工作的物质条件。我最初接触沙青青，主要是因为中国当代史研究。当时他就是这一领域的青年才俊。后来才发觉，他的研究领域相当广泛，最近似乎集中于日本研究。不到一年时间里，受赠于他的相关著述和译著就有《暴走军国：近代日本的战争记忆》《日本还是第一吗？》《使日十年》等。手上的这部书稿，更是记录了他近年来探究日本的过程。

我自己不治日本史，也不研究当代日本，但对这个"一衣带水"的邻邦一直充满好奇，也深感中国的民族复兴离不开中日关系的真正改善，而民心相通与理解是为基础。昭和是日本年号中所用时间最长的，指的是1926 年 12 月 25 日—1989 年 1 月 7 日这段时期。昭和时代前期，日本走上了军国主义的黑暗道路，先后发动了侵华战争和太平洋战争，使包括中国在内的许多国家受到了深重的伤害，也给日本带来了毁灭性的灾难。战后昭和时期，日本经济获得了快速的恢复和惊人的高速增长。1989 年 1 月 8 日，日本进入平成时代，随后迅速迎来了泡沫经济的崩溃，昭和时代的激情与辉煌也随着"失去的三十年"逐渐由高速增长转为低位平缓。本书从"人""球""书"视角记录下的"由风而雨"的历史点滴，正是发生在日本近现代史上最跌宕起伏，又与中国关系错综复杂、影响深刻的昭和平成年代。

近代以来，中日地理上的接近并没有带来双方认知

上的亲近，两个在文化交往上拥有悠久历史渊源的东亚
邻居，彼此依然只能算是"熟悉的陌生人"。中日两国
当前的困局和最大隐忧是中日友好的民间基础和社会基
础的动摇，而双方不信任感的加剧，会影响东北亚的安
全形势和我国的和平发展。俗话说，"魔鬼"隐藏在细
节中。我期待，读者能够透过此书对昭和平成时代历史
断面中日本社会心态和国民价值观变迁的细节描述，对
日本当代文化有更为深切的体认，从而以一种"了解之
同情"的态度去进一步认识这个搬不走的邻国。

　　是为序。

王健

上海社会科学院国际问题研究所所长

2020 年 5 月 31 日

写在前面的话

　　这本小书记录了我近年来探究日本的过程。

　　在日本国内的历史研究中，素有"昭和史研究"一说，即将贯穿六十余年，跨越战前、战后两个不同社会的昭和时代，视为一个整体来进行研究与叙述。这种研究更注重日本战前、战后社会发展的延续性，而不是将战前与战后的日本视为两个截然两分的时代。与之相对，1989 年后开始的平成时代与之前漫长的昭和时代之间也有着极为紧密的联系。平成时代日本社会的种种变化正是对此前昭和时代种种现象的一种映射与反馈。这种因果关系，亦如"由风而雨"一般。

　　以学术标准来看，本书并不是一本论述日本近现代发展历程的通史类著作。如书名所暗示的那样，更多是想通过对各式各样历史断面的揭示，来呈现那些看似琐碎的历史细节，并借此来串联日本当代的那些重要的人事物。全书共分为四大部分：第一部分通过对经济起伏与社会演进的梳理，来揭示身处其中"人"的感受；第二部分是以棒球运动为切入点，以"球"为线索来描述百年间日本社会价值观的变化；第三部分则讲述了以"书"为载体的文化故事。第四部分可视为本书的一个另类小结：对昭和之前历史人物的浪漫想象以及对平成之后新兴政治家的憧憬，或许正反映着昭和与平成时代日本人的焦虑和期待。

本书引用之文献皆取尾注，附于各章末尾处。涉及历史事件、人物或特殊名词的注释则以脚注标出。如此处理是为了能在保持严谨的同时不干扰读者的阅读体验，也方便读者及时了解相关背景知识。另外，书中某些名词、术语借用了日文汉字的原文。之所这样处理，一是因为"约定俗成"，不少国人都已理解其意；二是因为部分名词在中文世界翻译并不统一，反而容易造成读者理解上的混淆。

本书的最后，还附有"昭和—平成大事记"，主要选取了一些本人心目中的重大历史事件，包括但不限于政治、经济或单纯的社会事件。从历史学的角度来看，史料的取舍本就是一种对历史的呈现方式。从这些选取的事件中，或也能察觉出近百年来日本风貌人情的微妙变化。谨供读者诸君参考。

第一部分：人

老一辈的日本人还能回想起他们的父母是如何变卖地产来换得食物，但即使吃完饭还会觉得饿。他们过着勉强糊口、过一天算一天的生活，也恳求有能力的朋友能为自己觅得一份差事。

——傅高义

　　我没有想当世界一流政治家或以总理、总裁的身份率领一个党的美梦和想法。我把精力都投入到道路、河川、港湾和土地改良上了，所以有些人称我为"田中土方议员"。

——田中角荣

　　在国民当中逐渐产生了中产阶级的意识，他们也不想使已有的生活破坏掉。这是一种无言的变革。这正是昭和三十年代到四十年代没有爆发革命的原因所在。

——后藤田正晴

　　战后日本，百姓与政府之间有一种默契，即形成中等福利、中等负担的国家，实现社会公平。为了限制过度的收入差距，政府抑制弱肉强食型的竞争，对富有阶层的收入再分配……可是最近这个所谓"一亿总中流"的结构正在受到动摇。

——丹羽宇一郎

△ 东京都青梅市的街头（作者摄）

昭和风、平成雨

櫻桃小丸子家的「新中产生活」

◇

○ 令人怀念的昭和时代

1986 年 8 月，《櫻桃小丸子》漫画原作开始在《りぼん》杂志连载。在短短三四年间，便以出人意料的超高人气跻身日本国民级漫画之列。1990 年，改编动画开播，一度成为日本历史上收视率最高的动画片。这部围绕淘气小学生小丸子及其家人日常生活而展开的作品之所以能引发日本观众热捧，除了幽默逗趣外，更因为这部动漫作品成功唤醒了战后一代日本人的集体回忆。《櫻桃小丸子》的故事以 20 世纪 60 年代末至 70 年代初为时代背景，而小丸子一家住在离东京首都圈不算太远的静冈县。

若去日本旅行，经常能在各地看到各类以"昭和馆"为名、或大或小的博物馆。其中，多半以"昭和三四十年"为主题，搜集、展示那些富有时代感的物件。例如在东京都最西面的小镇青梅，当地居民更是干脆将昭和风情作为当地旅游的特色，街头巷尾都贴着"昭和风"的海报、招牌。走在当地的小街上，难免有一种时光穿越的奇妙感觉。"昭和三四十年"大概是从1955年至1975年，如今的日本人即便根本没有经历过那个年代，看到当时的照片、影像又或是听到那个年代音乐，也常会发出一声"真让人怀念啊！"的感慨。

　　这种情绪似乎已经为成为一种日本社会集体的"乡愁"。而《樱桃小丸子》故事所发生的年代也是那段"让人怀念"的昭和岁月。以昭和岁月为主题的电影，在今天的日本影坛甚至可以分出一个专门的类别，例如山田洋次导演《寅次郎的故事》系列电影。又如前些年荣获第29届日本电影学院奖的最佳导演、最佳影片大奖的《ALWAYS 三丁目夕阳》，便是讲述了上世纪"昭和三四十年"日本战后复兴岁月中普通东京百姓的人情冷暖。

　　之所以会出现这种奇妙的现象，某种程度上或许是因为那个年代正是"现代日本的起点"。[1]另一方面，若置身1945年日本战败之时，几乎很难想象仅10年时间，这个国家就能慢慢走出战败的阴霾，甚至过上樱桃小丸子故事里看似平淡却又安稳温馨的日子。对大部分日本人来说，苦尽甘来的昭和三四十年自然是值得回味与留恋，甚至会在怀旧的过程中进行美化，以至于这种对昭和岁月的"乡愁"往往也是一种历史想象。

二战结束后的日本几乎处于被完全摧毁的状态。美国战略轰炸调查团曾在《战略轰炸对日本战争经济的效果》的报告中写道："至 1945 年 8 月，日本的战争经济已经破产。"日本战败投降时，其在海外所占领土和殖民地以及势力范围全部丧失，对外经济陷入瘫痪状态，全国工业几近毁灭。根据日本政府的调查，日本本土财富中的约 41.5% 直接或间接地毁于战争之中。

战败投降后，日本国内的工业生产量出现断崖式的下跌，大量工人失业，原军需工厂的工人至少半数以上遭解雇。根据当时厚生省❶的估算，从投降至 1945 年 10 月上旬的这段时间内，包括战时被征用的人员在内，被工厂解雇的失业人数达到 413 万人之多。若再加上复员军人以及海外返国人员，那么未就业人口高达 1300 万人之巨。那些侥幸保住饭碗的幸运者，也只能领到比 1934 年前还低的薪水。而在战败后最初的几年里，日本的劳动力供应突然间猛增一千万人。其中，既有复员回乡的军

---

❶ 厚生省是日本政府内负责社会及劳动保障的主要部门，所谓"厚生"取自中国古代经典《尚书》"正德利用，厚生惟和"。1947 年，负责劳动行政的部门独立为"劳动省"。2001 年，又重新合并为"厚生劳动省"。

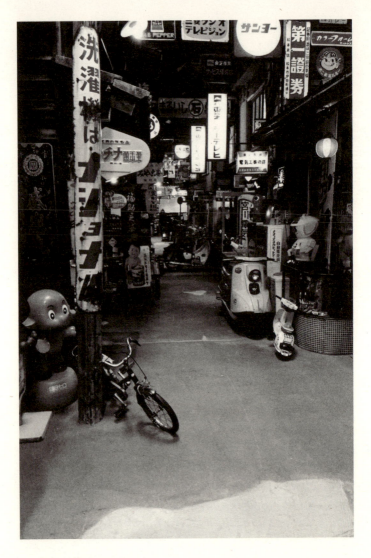

△ 高山市昭和馆内景（作者摄）

昭和风、平成雨

人（710万人），从军工部门离职的工人（160万人），还有从亚洲各地归国的移民（260万人）。[2]

来自美国的东亚学者傅高义（Ezra Vogel）曾对当时日本人的境况有过这么一段素描式的描写：

> 出生于20世纪30年代的日本人是在动荡年代长大的。那时绝大部分日本人不是在农田干活就是在家族企业上班，而且也像其他国家遭遇大萧条的人那样为生存而挣扎。当20世纪30年代和40年代日本在中国和南太平洋发起战争时，很多日本家庭的父亲被征兵，在陆军或海军服役。20世纪40年代以前的日

傅高义，出生于1930年，哈佛大学社会科学院荣休教授，曾担任费正清东亚研究中心的主任，长期活跃于美国政界、学界的东亚研究专家。早年曾以社会学家的身份旅居日本进行田野调查，致力于研究日本战后新生的中产阶级群体。20世纪70年代，以名作《日本第一》获得全球性声誉，在欧美被视为首屈一指的"日本通"。同时，对中国也抱有极大的兴趣，是美国最早一批研究当代中国的学者，著有《共产主义下的广州：一个省会的规划与政治（1949—1968）》《先行一步：改革中的广东》《邓小平时代》等。除学术研究外，傅高义曾经直接参与制定过美国的东亚及亚太政策。克林顿政府时期，他曾负责相关政策制定与情报分析。

本家庭，孩子们要帮助母亲和祖母在日常生活中存活下来。1945 年，当他们听到天皇发表战败广播时，他们对此感到不可置信，并向老一辈日本人表示担忧："日本将会发生什么？""我和我的家人将面临什么？"

在战后初期，日本处于一片废墟。城市里的人在废墟中翻找东西，用废弃金属做成锅碗瓢盆。这与 20 世纪三四十年代日本借由殖民地和经济增长成为世界上最强大的军事机器已相距甚远。战后初期的很多日本人居住在简易过渡房中，或者搬去乡下亲戚家里。结核病流传，到 1948 年开始出现食物恐慌。老一辈的日本人还能回想起他们的父母是如何变卖地产来换得食物，但即使吃完饭还会觉得饿。他们过着勉强糊口、过一天算一天的生活，也恳求有能力的朋友能为自己觅得一份差事。[3]

那时环境之艰困还可以从食物上一见端倪。战后政府在城市实施粮食配给，但配给的粮食往往会迟到或减量。市民们不得不自谋生路。相当长一段时间内，从东京涌向千叶、琦玉、神奈川采购食物的大军有十余万人，而能买到的往往也只有番薯而已。[4] 此外，不少如今被视为有日本特色的美食其实都是因为在战后复苏时期，只因艰困的生活环境而流行，例如蛋包饭。美食作家森下典子曾这样回忆："在昭和三十至四十年代度过孩提时代的人，长大后一定会深爱着蛋包饭。我就是这个世代的其中之一"，因为"当时，全日本不管哪一户人家，都只能将冷饭放进蒸饭锅中重新加热，或是做成炒饭，蛋包饭也是冷饭利用的一种料理"。[5] 换言之，蛋包饭其实是一种将剩饭重新利用、烹调的"技术"。战后过了相当长一段时间，食品、盐、酒、纺织品等日用品才渐渐恢复自由买卖。在此之前，连蔬菜都是通过统一管制来配给。如昭和年代的电影女神高峰秀子这样有名的电影明星，也得等到1949年才能感受到"人们的生活慢慢恢复了滋润"。[6]

当时，名义上负责制定日本占领政策的最高决策机构是隶属联合国的远东委员会（FEC）。而其成员包括美国、英国、苏联、中国、法国、加拿大、荷兰、澳大利亚、印度、菲律宾、新西兰等11个国家。之后，还有巴基斯坦、缅甸加入。实际上，日本却是由美国独立占领的，盟军最高司令官司令部（General Headquarters，以下简称GHQ）也直接听从美国政府的施政方针，再由GHQ向日本政府下达指示，日本政府只能在此基础上制定具体落实政策并执行而已。换言之，美国是通过GHQ来间接统治日本。GHQ的本部就在皇居正对面的"第一生命大厦"。

△ 第一生命大楼（作者摄）

▽ 第一生命大楼内的 GHQ 会议室（作者摄）

昭和风、平成雨

战后曾有传闻称，美军一早就计划战后在此地办公，因此才没对这附近进行轰炸。[7]

在 GHQ 的指挥下，战后日本开始了一连串国家改造工作。1945 年 10 月 9 日，币原喜重郎内阁❶正式成立。"太上皇"麦克阿瑟口头向他传达五大改革指令，这些指令形塑了战后日本社会的基本样态。❷11 月，《财阀解体指令》正式颁布，三井、三菱、住友、安田等十五家最大财阀的资产被冻结。❸12 月，"工会法"即《劳动组合法》颁布，借此贯彻 GHQ "鼓励成立工作"的指令。这部法律在日本第一次确保了工人的团结权、集体谈判权、集体行动权等劳动基本权力，并被确认为"基本人权"。之后，还先后颁布了《劳动关系调整法》《劳动基准法》。这先后三部法律也被称为"劳动三法"。其间，日本全国性工会组织——"全日本不同产业工会会议""日本劳动总同盟"等相继成立。

❶ 币原喜重郎（1872—1951），战前历任日本驻荷兰大使、外务次官、外务大臣等职位。担任外务大臣期间，主张对列强以及中国实行协调外交，避免直接使用武力，有"币原外交"之称。20 世纪 30 年代日本加速军国主义化后，在日本政坛被边缘化。因为其没有所谓"战犯色彩"，也没有参与全面侵华战争、太平洋战争的"历史问题"，而被麦克阿瑟选中，接替皇族东久迩宫稔彦王成为日本战后第二位首相。

❷ 五大改革指示分别是：一、妇女解放，赋予女性参政权等；二、鼓励成立工会，制定相关法律等；三、在教育领域践行自由主义原则等；四、废除过往与政治压迫有关的法律与制度；五、解散财阀、农地改革，实施经济民主化。

❸ 十五家财阀具体为：三井、三菱、住友、安田、川崎、野村、涩泽、浅野、大仓、古河、日产、日窒、理研、日曹等。

1946 年 1 月 1 日，昭和天皇正式发布了《人间宣言》，否认了天皇具有"神格"。据说这份宣言是币原喜重郎用英文写的，一方面是否认天皇神性，但更重要的是让天皇制能得以存续。2 月，为清除"战争指导势力"，《公职追放令》《教职追放令》相继发布，因此丢了饭碗者高达 21 万人。之后，因制定新宪法问题出现争议，首相换成了原外务省官僚吉田茂。11 月，《日本国宪法》正式颁布，于次年 5 月 3 日施行。然而，之后日本国内的局势并未平息，经济萧条、物资供应紧张以及冷战背景下左右翼的纷争继续困扰着这个国家。

1950 年 3 月，杜鲁门总统派遣国务卿约翰·杜勒斯（John Dulles）访问东京，希望了解当时日本的经济状况。在逗留两周后，杜勒斯告诫大藏省❶的某位官员：日本外贸的最佳选择是向美国出口鸡尾酒会上用的餐巾。然而，三个月后，朝鲜战争爆发了。刚从战后废墟中起步的日本经济，获得了一笔"从天而降"的"横财"。1950 年 6 月至 1953 年底，美国为了应付朝鲜半岛的战争，在日本撒下了高达 23 亿美元的"战争特需"订单。

伴随因朝鲜战争而拉动的产能，工业的快速复兴也逐步向下

---

❶ 大藏省原为日本最高的财政机关，统管政府财政与金融体系监管。2001 年日本开始实施中央省厅改编，大藏省的权力被分解，重新改组为财务省与金融厅。

渗透。1954年3月，经团联、日经联、日商、经济同友会等四大经济团体联合成立了"日美提高生产率委员会"。之后，又在一系列协议合作的基础上，于1955年3月建立了日本生产率本部。其宗旨为"提高生产率的目的在于，通过科学高效利用资源、人力、设备等降低生产成本，借此来扩大市场、增加雇佣、提高实际工资和生活水平，从而增进劳资以及一般消费者的共同利益"。

另值得一提的是，日本的快速崛起也跟得以免去大量的战争赔偿有直接的关系。在1951年9月举行的"旧金山和会"上，在美国的要求与斡旋下，英国、苏联、荷兰、澳大利亚都宣布放弃日本的战争赔偿，但东南亚诸国则坚持赔款要求。从1954年至1959年间，日本先后同缅甸、菲律宾、印尼、南越签订了赔偿协议的同时，又与其签订带有经济援助性质的中长期贷款协议，所以赔偿与经济援助属于彼此挂钩的状态。在这种状态下，不仅不会使有限的赔偿成为日本的沉重负担，相反还能促进日本经济结构转型与对外贸易。自50年代后日本对上述这些国家的重工业产品出口大幅度上升，同时也为日本找到了新一批长期稳定的原料来源地。同时，在技术援助方面，日本可以把已经或即将淘汰的设备作为补偿品提供给受偿国。1959年日本通产省在官方文件中便承认：日本的战争赔偿产生了与海外经济合作相同的效果，并借此可以开辟新的市场。日本以赔偿为手段，扩大了对东南亚国家的资本输出和商品输出，并且极大地加深了日本经济对东南亚各国经济的渗透。

在战争特需和外贸复苏的刺激下，至1955年时日本人均收入已恢复到了1935年的水平。1955年后，日本社会已经全面恢复乃至超越战前的发展水平。日本官方《经济白皮书》甚至惊叹当时的世道"宛若不像是战后"。就在1955年，伴随着人均收入恢复到战前水平，日本人均消费水平居然也超过了战前水平，恩格尔系数从第二次世界大战初期的60%降至44%。仅仅四五年前，大部分日本家庭还在为基本生存而省吃俭用。转眼间，却已经在商店门前排队，争相购买各类时髦的家用电器了，以至于傅高义会感叹："任何一个富裕的美国人都无法理解日本工薪家庭对每种新奇物质享受的渴望。"

○　"我要电视机！"

就像我之前说过的，1960年离开日本的时候，路上车子很少，可选择的食物和服务也非常有限。当新鲜的外来食物第一次出现在市场上时，通常会很昂贵。在20世纪50年代后期，人们热衷于省钱以改善自己的物质条件，努力工作，提前规划。[8]

　　以上这段话来自美国学者傅高义对 20 世纪 50 年代日本人生活的观察与回忆。当时作为一位初出茅庐的社会学家，他在东京暂居了两年，从事田野调查，希望了解这个复兴中的国家将会迈向何方。此前，刚从哈佛毕业的傅高义在导师的建议下远赴日本游学，这开启了他漫长的东亚研究生涯。当年，刚满而立之年的傅高义将自己的研究视野对准了当时日本兴起的工薪族阶层并将之统称为"新中产阶级"。在旅日的两年间，傅高义通过对东京周边小镇 M 町上 6 户家庭的大量访谈与田野调查，以近乎白描的方式呈现了当时日本新中产阶级的生活情景与家庭百态。在《樱桃小丸子》的故事里，小丸子一家六口，夫妻、孩子与父母三代同堂。由于住房条件逐步改善，尽管当时日本已开始"小家庭化"，但小丸子家这种家庭结构也并不少见。这也与傅高义在 M 町观察到的情况类似。

　　依照当局调查，1965 年时日本每户平均人口为 4.1 人。而根据《樱桃小丸子》的故事设定，一家六口的经济来源主要依靠了作为标准"工薪族"的爸爸樱宏志。所谓"工薪族"（サラリーマン）实为日本人爱用的"和式英文"：Salaryman，多指在公司、企业领一份薪水的白领人群，也是战后日本中产阶级的代名词，在社会和家庭扮演着"中流砥柱"的角色。傅高义在他的第一部学术著作《日本新中产阶级》中就敏锐地注意到了这种现象：一般来说，男性的工资是当时日本新中产家庭收入的主要甚至唯一的来源。

傅高义所研究的"新中产阶级"是战后日本社会复兴、经济高速增长的主要参与者与受益者，既见证了所谓"神武景气"，也同样为之努力奋斗。与之相对，多为小业主、地主的"老中产阶级"则更乐于守住各自的一亩三分地，却并未从1955年后开始的经济腾飞中直接获益，以至于不可避免地淡出历史舞台。新中产阶级的兴起则成为了日本复兴最重要的标志，而摆脱贫困的日本中产家庭也开始迫不及待地进入大量消费的新时代。

在那个国民生产总值每年以10%以上速度增长、人均实际收入每年以8%以上速度增长的"黄金时代"，对大部分日本人来说能成为"工薪族"就意味着"光明新生活"。M町离东京市区大概有半小时的火车车程，居民大多受雇于市内各大企业及各类政府机关，算是名副其实的"工薪族"。他们之中的绝大部分人并不会飞黄腾达，但在"终身雇佣制""年功序列制"的加持下却能脚踏实地不断发展，早晚都会迎来可预期的"光明新生活"。增速惊人的日本人均GDP已经向他们预示了这个美好的未来。1955年时日本人均GDP为94000日元，5年后增至172000日元，15年后更飙升到了708000日元。经济持续景气，使工薪族群体不断扩大，收入亦大幅度增长。手握鼓起的钱包，上班族及其家属开始通过消费来构建自己的"新中产家庭"之梦。

迅速累积财富的工薪族，很快就会变得有钱去购买那些"新款消费品"。而"新款消费品"的最佳代表便是所谓"三神器"。在日本的创世神话中，所谓"三神器"是指源自天照大神的八咫镜、天丛云剑及八尺琼勾玉。到了20世纪50年代末，在新兴中产阶级为代表的日本家庭心目中，战后昭和时代的"三神器"则变成了电视机、洗衣机与电冰箱。其中，又以电视机最具象征意义，这件摆在客厅里的新电器成为一个家庭迈入中产阶级的最佳凭证。无论是工薪族、公务员，又或是知识分子皆无法免俗，难敌电视的魅力。1958年12月23日，通体赤红的东京铁塔正式竣工开放，开始发送电视电波信号。而这座高达333米的电波信号塔，被视为日本战后复兴的最佳象征，也成为了普通民众对"新中产生活"的精神寄托。

1960年，傅高义准备返回美国时，日本著名的心理学家土居健郎❶就曾找上门，希望能以较便宜的价格买下他的电视机：

---

❶ 土居健郎（1920-2009），著名的日本心理学家、精神分析学家、东京大学荣誉教授，著有《撒娇的构造》（「甘え」の構造）。

1958 年，我买了一台黑白电视机。据我所知，我们是当地极少数拥有电视机的家庭之一。1960 年准备回美国时，我把电视机便宜卖给了土居健郎。这是他拥有的第一台电视机，因为一台全新的电视机那时还非常昂贵。为了学习日语，我们买了索尼最新出的转盘式录音机，后来在走之前也将它以极低的价格卖给了 6 户人家中的其中一家。这户家庭就像土居家一样，他们不得不存一段时间的钱，才能买得起崭新的电子产品。[9]

1959 年，著名导演小津安二郎的经典名片《早安》（お早よう）在日本全国上映。这部生活喜剧最重要的情节冲突就是围绕"电视机"而展开的：一对兄弟为求家里大人买电视而软磨硬泡，最终如愿以偿。尽管作为电影导演小津安二郎也让剧中角色说过"电视会让日本人变成笨蛋""会让全民白痴化"等这样的吐槽，但在故事的最后电视机终究还是买了。

1955 年时，"三神器"在城市家庭中的普及率不到 10%。1957 年时，"三神器"中普及率最高的电冰箱也不过 20%。而在《早安》上映的这一年，伴随着经济的快速复兴，电视在日本社会已渐普及，每四户家庭就有一台电视机。至 1965 年电

△ 美国标准收藏公司（The Criterion Collection）在推出《早安》英文版 DVD 时，干脆把封面海报设计成了一台电视机。

△ 《早安》故事的最后兄弟二人最高兴的便是能在电视上看棒球比赛了
▽ 20 世纪 50 年代日本市民家庭的典型布置
资料来源：东京都葛饰区乡土天文博物馆所藏

视机普及率已达90%。到了"樱桃小丸子"所处的时代，电视机早已成为每家每户的必备品。这一年，电视机、洗衣机、电冰箱的普及率分别达到了95%、78%及68%。1970年后，"三神器"的普及率全部都在90%以上。

在小丸子的故事里，负责赚钱养家、身为工薪族的爸爸樱宏志自然是名副其实的一家之主。如傅高义所观察的那样，"户主拥有最高权力，也因此责任最重"。除了能在家随心所欲享受啤酒外，一家之主的另一项"特权"就是独占家里的电视机。爱看棒球且是东京读卖巨人队狂热粉丝的樱宏志总以"养家男人很辛苦"为由，把小丸子家里的电视机变成了职业棒球比赛的专属播放器。因此看不了热门电视剧的小丸子和爷爷樱友藏只能爷孙间彼此取暖，又或是谱写"心之俳句"来吐槽。

值得注意的是，电视机的普及和职业棒球的流行正是当年日本新兴中产阶级兴起的结果。前者代表物质消费的繁荣，后者则代表休闲消费开始第一次大规模进入每个普通的日本家庭。而这一切的前提就是新兴中产阶级的大量出现。1948年，战后日本第一次在夜间举行棒球比赛，方便工薪族们下班后来观赏比赛，也让全家老少一起来看球赛成为可能。之后伴随着日本经济的迅速复兴，渴望忘记痛苦战争经历的百姓们开始涌入球场，为职业球队的兴衰荣辱呐喊。同时，随着电视的迅速普及，棒球比赛也成为不少日本人电视记忆的开端。

1953 年 2 月，日本广播协会（NHK）开始播出电视节目。同年 8 月，NHK 就实况转播了历史悠久的日本高中棒球赛——"夏季甲子园"。仅仅两周后，刚成立的民营日本电视台（NTV）又转播了读卖巨人队与阪神虎队的职业棒球赛，引发社会轰动。《读卖新闻》社长、读卖巨人队老板正力松太郎为了推广电视，决定在日本全国各地的繁华街道摆放电视机，免费向过路行人播放节目，希望借此激起人们的购买欲。正力松太郎的创意确实收到了极佳的效果，电视机前围观的民众几乎都无一例外地萌发出"要拥有一台电视机！"的念头。

这也成为当年无数日本中产家庭的梦想与奋斗目标。

○ **安保斗争的插曲**

日本经济由于朝鲜战争的战争特需而获得复兴的契机，但此后由于停战，特需随之消失，又陷入复兴是否能继续的焦虑感中。此外，迅速复兴的经济也在一定程度加剧了社会的变化。自 20 世纪 40 年代末开始，日本国内政治局势也处于动荡与激烈变化之中。[10]

1951 年 9 月，日本与美国等国正式签署《旧金山和约》。次年 4 月 28 日该条约正式生效，这就意味着日本正式结束被占领状态，恢复了主权。当时的吉田茂❶内阁为了应付时局，先后推出了《破坏活动防止法》《新警察法》强化国内治安，结果却引发了一系列质疑乃至抗争活动。1952 年 5 月 1 日，因质疑《破坏活动防止法》违宪，在东京皇居前广场爆发了大规模游行。游行队伍与警察爆发冲突，结果导致了大量死伤。1954 年 3 月，来自《樱桃小丸子》故事发生地静冈县的渔船"第五福龙丸"在比基尼环礁附近受美国氢弹试验波及，船员遭受辐射污染伤害。这又给当时的日本社会造成了极大的冲击，从东京、大阪到广岛、长崎，反核武器运动一时间风起云涌。同年 11 月上映的著名怪兽片《哥斯拉》便是受"第五福龙丸"启发而创作的，巨大的怪兽哥斯拉便是当时日本对核武器恐惧的一种印象投射。[11]

　　在国会的战场上，革新派与保守派左右对立格局逐步形成。最大在野党社会党实现内部整合，同处保守派别的自由党与民主党也终于在 1954 年底合并成立了自由民主党，首代总裁鸠山

---

❶　吉田茂（1878—1967），战前曾担任过日本驻奉天总领事、外务省次官等职，后因竭力反对"德日意三国同盟"而受冷遇。太平洋战争爆发后，秘密参与"对美和平工作"而遭逮捕。战后，却也因此获得美国占领当局信任而在政坛东山再起。1948 年至 1954 年间，任首相并任自民党前身自由党总裁。

△　1954 年《哥斯拉》的电影海报

一郎的内阁随之成立，开启了自民党长期执政，而在国会中则是自民党与社会党长期对峙的政治格局，这也被称为所谓"1955年体制"。换言之，这种体制"是作为自民党和社会党之间、财界大企业和'总评'❶工会之间的对抗体制而建立的"。[12]

在经历短暂的石桥湛山❷内阁后，曾被列为甲级战犯嫌疑人的岸信介竟成为了新一任总理大臣。太平战争爆发前，岸信介就曾担任过伪满洲国工业部长，为日本榨取中国东北地区的工矿资源竭尽所能。1940年任商工省次官。1942年出任东条英机内阁的商工大臣。战后，作为战争罪嫌犯曾被关押在巢鸭监狱，被指定为甲级战犯，但最后终未遭起诉。岸信介上台后，马上就从军事、治安、教育三方面着手加强社会管控。其中，他将《日美新安全保障条约》视为其最重要且必须落实的政策。

所谓《日美新安全保障条约》（简称《新安保条约》），便是要对1951年两国缔结的《日美安保条约》进行修订。《新安保条约》重新明确了双方的权力与义务，在法律上给予了美军在

---

❶ 即日本工会总评议会，由由日本工会总同盟、全日本工会联盟、国营铁路工会等反对日本共产党领导民主工会运动的工会联合组成，也是战后日本规模最大的工会组织。

❷ 石桥湛山（1884—1973），自日俄战争后便一直在《东洋经济新报》上发表反对向中国大陆扩张的主张，提出"小日本主义"，主张应主动放弃海外殖民地。战后，他正式进入政界。1956年12月至1957年2月，曾短暂出任过首相，后因病辞职。积极主张日本应与中华人民共和国建立良好的外交关系，生前曾两度访华并与毛泽东、周恩来等中国老一辈领导人会面。

日本的超然地位，同时变相承认了日本拥有"集体自卫权"，有义务协助美军在远东及亚太的军事行动。这在不少日本人看来，等于是重新开启了日本走向战争的大门，实质上违反了战后制定的"和平宪法"。于是，在日本全国各界兴起了一轮反对日美安保条约的社会浪潮。在很多有识之士看来，《新安保条约》既有可能威胁日本国内的民主主义，也可能将日本拖入美国的战争。

1959 年 11 月，"全日本学生自治会总连合"（全学连）组织 1 万余名来自全国各地的学生前往国会抗议，并与警方发生了大规模冲突。1960 年 1 月 15 日，岸信介计划访美，希望与美国方面最终确认新安保条约的细节。在岸信介出发当天，"全学连"包围了羽田机场，希望通过这种抗议来阻止其出发。结果，岸信介还是按照原计划访美。2 月，日本国会正式开始审议《日美新安全保障条约》。在之后长达两个多月的时间内，国会内自民党与社会党等在野党围绕条约问题展开了漫长的拉锯。根据当年 3 月的社会舆论调查，赞成与反对者各占两成、大部分民众都是选择回答"没意见"或者"不清楚"。5 月 19 日，众议院正式举行投票。由于社会党等在野势力通过占领主席台等方式杯葛投票，结果岸信介决定在当天深夜向国会派遣 500 余名警察，强行将在野反对党议员赶出议场。然后，在全部反对党议员缺席的情况下，宣布开会并开始投票，依靠简单粗暴的多数优势强行通过了《日美新安全保障条约》。

这个强硬的行为引发了舆论哗然，也激起了普通民众的不满。如思想家加藤周一所言，"大多数国民之所以反对政府，并不是针对条约的内容，而是针对条约的批准程序"。[13]1959年2月《朝日新闻》的民意调查显示，岸信介内阁的支持率为28%，不支持率则高达34%，要求换内阁者更有42%之多。[14] 在之后岸信介强行通过《新安保条约》后，支持率又一路下跌至12%。市民与学生一道开始走上街头，包围首相官邸，进行日复一日的持续抗争。

面对汹涌的民意，岸信介表面上却依旧满不在乎地表示："棒球场和电影院里的人比上街抗议的人更多，我不觉得民众有什么意见。"这种表态如同火上浇油，进一步激起了不满。1960年6月后，反安保运动在日本全国各地动员起数百万人的规模，成为战后盛况空前的国民运动。这场运动的性质已经不再局限于安保斗争本身，而是围绕保守与进步展开。[15] 著名的政治思想家、东京大学教授丸山真男就指出：这是一场因日本国民对公共事务自发性的表达关心，而发起的运动。这场运动是对战后日本民主制度是否更加健全的检验。因此，既是民主的危机，也是契机。

正在抗议如火如荼之际，美国总统艾森豪威尔的访日行程也越来越近。1960年6月10日，白宫新闻发言人詹姆斯·哈格蒂（James Hagerty）为筹备艾森豪威尔总统访日行程，提前抵达东京打前站。结果，他的专车根本无法驶离羽田空港，被群情激愤的游行队伍团团围住，专车甚至还被砸。最终，他不得不在警察保护下，搭乘直升机离开了现场。这次抗战之激烈，也迫使艾森豪威尔取消了访日的计划。巧合的是，那天也正好是美国学者傅高义从羽田机场启程返美的日子。这位日后被称为"日本通"的哈佛教授亲眼目睹、亲身经历当时的"盛况"：

> 1960 年 1 月，美日双方宣布达成协议。但是并不是每个日本人都对此感到满意，有一部分人害怕这会让日本成为对准驻日美军基地的苏联导弹的目标。日本民众在国会议事堂外举行游行示威，示威者也与警察在日

岸信介（1896—1987）因为曾在伪满洲国以及战时的军需省任高官，而被作为战争罪嫌犯关押在巢鸭监狱，但未遭起诉。1948 年获释后，重返日本政坛。1954 年任民主党干事长，次年转任新成立的自由民主党干事长。1956 年进入石桥内阁任外务大臣。石桥因病辞职后，就开始代理首相之职。因强行通过《日美新安全保障条约》，被称为"昭和之妖"。他胞弟佐藤荣作亦曾为首相（1964-1972），安倍晋三为其外孙。

本街头发生激烈冲突。美国国内电视台也报道了关于游行示威的新闻。我们父母看了美国的新闻广播后给我们打电话说，"在他们杀掉你们之前，快点离开日本。"

但我们没有感受针对个人的威胁。当然，我们一直远离示威人士与警察发生冲突的地方。最激烈的冲突发生在1960年5月，而我们计划于1960年6月10日离开日本。但没有料到的是，就在那天，艾森豪威尔总统的新闻秘书詹姆斯·哈格蒂预定飞抵羽田机场。

那天，我们打包完毕后，带着行李打车前往羽田机场。当我们到机场后，哈格蒂的飞机已经降落，示威者和警察封锁了通往机场的道路。我们不得不下车并步行最后1000码路程到达出发地，包括爬上并越过铁丝网。

上万名示威者手举写有反美标语的牌子。苏珊娜和我的第一反应是，"我们绝对不可能准时赶上飞机"。过了一会儿我们才开始担心示威者会如何对待我们，因为很明显就能看出我们是美国人。我甚至立刻担心苏珊娜和当时只有三岁半的大卫的安全。不过，当我们走下出租车的时候，我们告诉周围的示威者我们必须要去赶飞机。他们知道我们是美国人，但还是帮我

△ 被游行群众包围的詹姆斯·哈格蒂专车
资料来源：滨谷浩摄，MIT Visualizing Cultures (https://visualizingcultures.mit.edu/tokyo_1960/anp2_essay03.html)。

▽ 搭乘美军直升机逃离的詹姆斯·哈格蒂
资料来源：滨谷浩摄，MIT Visualizing Cultures (https://visualizingcultures.mit.edu/tokyo_1960/anp2_essay03.html)。

们把行李箱从机场外隔离的铁丝网上传过去，让苏珊娜和我翻过铁丝网，还把我们的儿子从铁丝网那边传了过来。当我们越过去之后，他们鼓掌欢呼，和赶飞机的我们开玩笑。最后，我们成功赶上了。

在日本两年的最后时光，示威者们给了我们一场戏剧性的欢送。[16]

6月14日，抗议运动开始达到高峰，全日本有数百万人参与其中，几乎已成一项全民运动。15日，10余万群众包围了国会议事堂。与之相对，警视厅能派到国会附近进行戒备的警力仅有3000人。[17] 于是，面对如此动荡的形势，岸信介甚至命令防卫厅长官赤诚宗德出动自卫队，但遭其拒绝。[18] 日后的首相、岸信介的弟弟佐藤荣作甚至为此与赤诚宗德发生了争吵。尽管自卫队并未出动，但游行及冲突仍造成了大量死伤。15日，东京大学的女学生桦美智子在游行中意外死亡，此外还有数百人受伤入院。大岛渚的电影《日本的夜与雾》对当时的场面有过这样的描绘：抗议的学生跟警视厅机动队混战正酣。忽然，传来桦美智子的消息，学生们表示要默哀一分钟，接着各方人马真就站在原地默哀，但一分钟后大家又打成一团。那时大学生参与反对运动几成风潮，例如日后蜚声国际的动画导演宫崎骏，

△　1960 年的《日本的夜与雾》电影海报

△　桦美智子位于多磨灵园的墓（作者摄）

当时作为大学新生也零星参与过反对安保条约的斗争。这段经历对他日后的创作带来了深远影响，在进入东映工作后，宫崎骏就一直是工会运动的积极份子，甚至当上了东映劳动组合（工会）的书记长，而当时东映工会的副委员长便是日后吉卜力工作室的另一位功勋元老高畑勋。

根据众议院优先的原则，参议院若 30 天内不举行表决，那么条约便会自动生效。6 月 19 日凌晨零点《新安保条约》正式生效，政府于 21 日以阁僚会议的形式，通过了批准条约的内阁决议。两天后，日美政府彼此交换了批准书。尽管岸信介此前曾放言："安保修订并不是我退休前的光荣之路，而是承担政局的启程一刻。"但在条约生效后，岸信介正式对外宣布内阁总辞。

《新安保条约》成为既成事实以及岸信介的辞职，使风起云涌的抗争运动失去了着力点和聚焦，安保事件随之逐步降温。在岸信介宣布下野后，自民党内部马上开始总裁竞选。在经过一番"官僚派"与"党人派"❶的斗争后，池田勇人最终脱颖而出，成为了下一届自民党总裁。为了应付安保斗争所留下的动荡局面，池田一改岸信介时代的强硬作风，转而标榜"宽容与忍耐"，希望以此来应对当时撕裂社会的现状，安抚不满的人心。

---

❶ 指自民党内官僚出身政治家（官僚派）与政党出身政治家（政党派）之间的权力竞逐。

包围国会议事堂的抗议群众

资料来源：滨谷浩摄，MIT Visualizing Cultures（https://visualizingcultures.mit.edu/tokyo_1960/image/anp7104_Hamaya_RG04_May5065.jpg）。

○ 一亿总中流

执政之初，池田勇人面临的最大挑战就是近在眼前的众议院大选。而安保斗争刚刚退潮的社会氛围，显然不利于自民党的选情。有鉴于此，为了能让普通民众淡忘安保斗争的政治氛围，自民党将大选推迟了 4 个月举行。另一方面，池田在 9 月 3 日的内阁会议上喊出了"国民收入倍增"的口号，并提出以"宽容和忍耐"为宗旨。四天后，池田勇人正式在记者发布会上对外发表了他的雄心壮志，要让全体国民能从经济的高速增长获得实惠，尝到甜头。

为了尽快告别因安保斗争而严重对立时代，池田内阁将所谓"国民收入倍增计划"作为其基本政策，试图通过提高生活水平来消弭民众的不满。简而言之，这个宏大计划的目标是用十年时间让日本的国民生产总值翻一番。为实现这个目标，那就必须维持每年至少7.2%经济增长率，而人均消费支出则希望能增加2.3倍、工矿业增加4.3倍、出口增加到3.5倍，并且基本实现全社会充分就业。

池田雄心勃勃的计划，在一定程度上确实争取到了民心。1960年11月20日大选的结果，似乎证明了池田策略的成功。虽然经历了安保斗争的动荡，自民党却大获全胜，自民党成功保住了296个席位的多数党地位，甚至比上届还多了9席。而在野的民社党却从之前40个议席锐减为17席，最大反对党社会党也少了21席，仅余145席。此次选情之好甚至出乎池田本人之意料。既然赢得国民的"信任投票"，池田内阁也就可以放手推动经济领域的相关振兴措施，并以即将在1964年举行的东京奥运会作为政策抓手。

安保斗争最高潮时离开日本的傅高义，在奥运前夕重返日本时，对当时的社会状态也有过这样的回忆：

当我20世纪60年代访问日本时,却对日本实力的看法发生了改变。1964年东京奥运会前夕,我短暂回到日本,住在一家小旅馆中。屋外都是夜以继日工作的建筑工人们。他们正在为这座城市预计将接待成千上万来此观看奥运会的游客做好准备。我走到涩谷附近一个我们曾居住过的社区,感到非常惊讶。为了拓宽道路,建筑工人们拆掉了长达整整七英里的房子。我在美国从来没见过这样的场面。一开始,我以为这一系列的建设是特殊情况,因为日本需要为举办奥运

池田勇人(1899—1965)在出任总理前,历任大藏大臣、通产大臣,是当时自民党内外贸及产业振兴领域的专家。他提出的"国民收入倍增计划"成功弥合了社会分裂,并开启了日本经济高速增长期。原本该计划是在1970年实现倍增目标,结果提前三年便实现了。1964年东京奥运会后,因身体健康问题,将政权让给了佐藤荣作。

昭和风、平成雨

会做准备。然而，奥运会结束后，日本仍旧继续建造并扩大经济规模。[19]

吉卜力工作室出品、宫崎骏的儿子宫崎吾朗执导的《虞美人盛开的山坡》（コクリコ坂から）便将时代背景设在东京奥运会前的 1963 年。奥运前夕的东京就如傅高义所观察到的那样，到处都是热火朝天的建筑工地，社会上弥漫着破旧立新的气息。在《虞美人盛开的山坡》的故事里，年轻的学生们正是为了保护学校内一座历史建筑免遭拆迁的命运而发动了一场"迷你"的抗争。

1964 年 10 月 10 日，昭和天皇正式宣布东京奥运会开幕。这场万众期待的运动盛会，不仅向世界宣示日本已经真正走出了战后的阴霾，也象征日本社会暂时忘却了安保斗争前后的纷纷扰扰，全民正沉浸于奥运所带来的自豪之中。东京奥运举行一个月后，著名歌手美空云雀❶发表了新曲《柔》。也就是在这届奥运会中，柔道第一次成为正式比赛项目。于是，美空云雀的《柔》被视为歌颂日本人精神与传统的作品，进而在有意无意间引爆了当时日本社会普遍乐观向上乃至自豪的情绪，在短短半年间销量就达 180 万张。

❶ 美空云雀（1937 - 1989），日本战后昭和时代最著名的女歌手，被称为"歌谣界女王"。她也是第一位被日本首相授予国民荣誉赏的女性。

△ 《朝日新闻》对奥运开幕的报道

资料来源：『朝日新聞』、1964 年 10 月 10 日、「万国特报」、1 版。

昭和风、平成雨

从经济面上来看，当时的日本人确实有自豪的理由。1945至 1955 年间，日本在美国的援助下从二战的巨大破坏中稳步复苏，工业产出持续增加，新的消费品不断在市场上出现。在 20世纪 50 年代的十年里，日本制造业产量增长了 5.5 倍。60 年代则又继续增加了 3.4 倍。这段期间内，日本的工业户增长速度堪称"奇迹"。整个 20 世纪 60 年代，日本的经济实现了惊人的飞跃式发展，民间设备投资的年增长率高达 17.7%。[20] 短短十年间，钢铁产量从 2200 万吨上升到 9300 万吨，汽车年产量从48 万辆跃升到 529 万辆。石油化学产值，从 1958 年起步式的110 亿日元猛增至 11785 亿日元。[21] 1950 年日本全国的国道只有2000 公里，到 1965 年时则增加了 7 倍以上，到了 16500 公里。

从 1955 到 1973 年，日本全国的经济实际增长 8 倍；在1960 年代末，日本的 GNP 在全世界各大工业国家中高居第二。1956 年至 1973 年，日本人均实际收入一直维持着 8% 以上的高速增长，而 1973 年日本国民生产总值是 1955 年时的 5 倍以上。

与此同时，日本社会的城市人口、工薪族人口也在快速增长。1960 年至 1970 年间，日本农林渔业人口占总人口的比重从 33% 锐减至 19%，而工薪族人口则从 19% 上升到了 27%。同时，产业工人由 25% 上升到 32%，自营工商业者从 20% 微降至 18%。[22] 而在"国民收入倍增计划"的指导下，社会民生同样得到了普遍改善。1950年时，全日本装有抽水马桶的家庭仅有11万户，到了1965年则增至143万户。婴儿死亡率从1950年的千分之六十降至1965年的千分之十八。除了"三神器"之类电器的普及外，至1965年私家车增加了近50倍，从1950年的3.4万辆猛增至170万辆。[23]东京奥运会后，彩电、空调与汽车又成为了"新三神器"。

自1957年后，日本民间消费年增长率长期维持在8%至10%的高水平。可以毫不夸张地说，这场新兴中产阶级拥抱物质文明的"消费革命"与产业技术进步一道成为了日本经济发展的主要动力。由于供应日渐丰富，普通饮食的费用开始变得相对低廉，变富裕的普通人也渐渐有了钱去购买最新的家用电器又或是其他新潮商品。例如20世纪60年代初，市面上一碗拉面的价格大概50、60日元，一打章鱼丸子大概30日元，而一件当时最流行款式的西装则要28000日元。

这场由新中产阶级引领的消费革命之所以能席卷日本，另一个重要原因就是日本国内贫富差距并未因经济高速增长而拉大，相反却是在不断缩小。这种日本特色经济发展模式，使大部分工薪族即中产阶层的收入趋于平等化，基尼系数稳步缩小。在傅高义看来，当时的日本人已经消除了物质生活的紧张，对未来充满信心与憧憬：

我们在1959年时认识的日本家庭非常渴望学习美国。就像之前提到的，我们邀请六个家庭来我家参加小派对，他们却一门心思地想了解美国人的生活，就像我们想了解他们的一样。十年后，他们依旧对此感兴趣，但那种迫切感已经消失了，"因为他们已经掌握了西方生活的本质特征"。

这些家庭已经结束了学徒期，他们保留日本习俗并不是因为尚未学会西方模式，而是因为他们喜欢日本模式。当我1959年第一次见到这六个家庭时，他们非常担心日本的经济止步不前，"感到日常生活岌岌可危"。十年后，银行存款变多了，物质财富更丰富了。另一个全国性的共识是，日本经济前景（如果有的话）的未来一片光明，对物质福利的焦虑感几乎消失不见。[24]

在1967年日本政府所做的"国民生活民意调查"中，约近九成受访民众认为自己属于"中产阶级"。由此可见，日本中产阶级为主的社会结构已然成形。如傅高义所观察的那样：工薪族阶层将会是战后日本社会发展的稳定力量，进而形塑当代日本社会运作模式。伴随着生活水平的快速提高，过往用于代表身份、职业差异的特征也在逐渐消失。洗衣机、电冰箱以及电视机不再是富裕家庭的象征，而成为全民共有的"三神器"。之后，彩电、音响、空调乃至汽车，都在各个阶层之间开始普及。根据调查，自认为属于"中产阶级"的意识也在逐年增强。1958 年时，仅有 37% 的日本人自认为是"中流"，到了 1973 年则达到了 61%。若再加上持"中上"或"中下"意识者，那么就有高达 90% 的人自认为属"中流"。

于是，"一亿总中流"即"一亿人中产"似乎已经逐步成为一种社会共识。然而，需要注意的是，自认为是"中流"与是否真是"中流"，其实是两回事。受雇于大型企业的日本人，其实从未超过总人口的两成。可是上班"工薪族"的形象却似乎比实际状况还要普遍，成为所有人皆可以安心接受的"正常人设"又或是一种"安定的生活形象"。在媒体宣传的推波助澜下，这种形象逐步演化成一种日本人"共同想象"。[25] 这种社会想象如此重要，以至于在某种程度缓解了之前极为紧张的社会矛盾。当时的警察厅长官、之后历任法务大臣、内阁官房长官、副总理的资深政治家后藤田正晴就认为，正是因为当时让广大日本民众萌生"中流"才避免了革命的发生：

在昭和三十年代（1955—1964 年）岸信介内阁

时期，也就是安保斗争兴起的时期，即使爆发了革命也不为怪。因为在当时的安保斗争中，过激派尚未成气候，日本的左翼力量基本还处于整体行动的形势下。那么当时为什么没有爆发革命呢？如今再回头看一看，我认为其原因就在于日本的生活水平提高了，安定了，而且在岸内阁之后，池田内阁又提出了"宽容与忍耐"的口号以及收入倍增计划，并取得成功。

这样一来，在国民当中逐渐产生了中产阶级的意识，他们也不想使已有的生活破坏掉。这是一种无言

后藤田正晴（1914—2005）早年为警察官僚，20 世纪 70 年代投身政坛，成为了"田中角荣派"的核心人物。历任警察厅长官、国家公安委员会委员长、总务厅长官、官房长官、法务大臣及副总理大臣。在政坛拥有极为深广的人脉，曾先后与 12 位首相共事过，对战后日本政治、社会有深刻观察，也直接参与了许多重大事件。此外，他还是日中友好会馆的名誉会长，生前曾多次访华。

的变革。这正是昭和30年代到40年代（1965—1974年）没有爆发革命的原因所在。[26]

当包括樱桃小丸子这样的普通家庭，都自视为是"一亿总中流"的一分子、产生中产阶级的身份意识之时，大部分的民众自然"不想大幅度改变当今的生活状况。日本高度的建设发展情况大概成了国民不去追随革命势力的主要理由"。[27] 从另一个角度来说，经济稳定高速增长不仅使"一亿总中流"的社会成为可能，反过来自民党长期稳定的执政也受其眷顾。自20世纪50年代至70年代间，在政党支持率上，社会党等在野党的地位江河日下，支持率持续下降，而自民党则有增无减，显得十分稳定。[28]

进入20世纪70年代，大阪世博会成功举行，似乎又在东京奥运会的基础上进一步向世界宣告日本的成功，甚至预示"日本时代"即将到来。

○ **本章尾注**

1 野口悠纪雄：《战后日本经济史：从喧嚣到沉寂的70年》，张玲译，民主与建设出版社，2018年，第80页。

2 都留重人：《日本经济奇迹的终结》，马成三译，商务印书馆，1979年，第6—7页。

3 Ezra Vogel, *Is Japan Still Number One*, Pelanduk Publications，2001, p.81—82.

4 徐静波：《日本饮食文化：历史与现实》，上海人民出版社，2009年，第245页。

5 森下典子：《咬一口昭和回忆》，羊恩嫩译，上海人民出版社，2016年，第1—2页。

6 高峰秀子：《我的渡世日记》，吴伟丽译，上海人民出版社，2019年，第248页。

7 福井绅一：《重读日本战后史：骏台预备学校讲义录》，王小燕、傅莹译，生活·读书·新知三联书店，2016年，第26页。

8 Ezra Vogel, *Is Japan Still Number One*, Pelanduk Publications，2001，p.29.

9 Ezra Vogel, *Is Japan Still Number One*, Pelanduk Publications，2001，p.30.

10 武田晴人『高度成長』、岩波書店、2008年、16頁。

11 武田晴人『高度成長』、岩波書店、2008年、45頁。

12 升味准之辅：《日本政治史》，董果良、郭洪茂译，商务印书馆，1997年，第1252页。

13 加藤周一：《羊之歌：我的回想》，翁家慧译，北京出版集团公司，2019年，第351页。

14 朝日新聞社編『朝日年鑑·1960』、朝日新聞社、1960、第97—99頁。

15 柄谷行人『思想の地震 - 柄谷行人講演集成 1995-2015』、筑摩書房、2017年、126—127頁。

16 Ezra Vogel, *Is Japan Still Number One*, Pelanduk Publications，2011，pp.24—25.

17 后藤田正晴：《情与理：后藤田正晴回忆录》，王振宇、王大军译，世界知识出版社，2003年，第106页。

18 武田晴人『高度成長』、岩波書店、2008年、60頁。

19 Ezra Vogel, *Is Japan Still Number One*, Pelanduk Publications，2001，p.30.

20 野口悠纪雄：《战后日本经济史：从喧嚣到沉寂的70年》，张玲译，民主与建设出版社，2018年，第77页。

21 升味准之辅：《日本政治史》，董果良、郭洪茂译，商务印书馆，1997年，第1084页。

22 升味准之辅：《日本政治史》，董果良、郭洪茂译，商务印书馆，1997年，第1138页。

23 野口悠纪雄：《战后日本经济史：从喧嚣到沉寂的70年》，张玲译，民主与建设出版社，2018年，第80—81页。

24 Ezra Vogel, *Is Japan Still Number One*, Pelanduk Publications，2001，p.31.

25 小熊英二：《活着回来的男人：一个普通日本兵的二战及战后生命史》，黄耀进译，广西师范大学出版社，2017年，第261页。

26 后藤田正晴：《情与理：后藤田正晴回忆录》，王振宇、王大军译，世界知识出版社，2003年，第64页。

27 后藤田正晴：《情与理：后藤田正晴回忆录》，王振宇、王大军译，世界知识出版社，2003年，第143页。

28 大嶽秀夫：《经济高速增长期的日本政治学》，吕耀东、王广涛译，社会科学文献出版社，2013年，第34—35页。

△　大阪世博会的标志：太阳之塔（作者摄）

从「日本第一」到「平成不况」

◇

○ "日本第一"

在东京奥运会举行前夕，日本通产省第一次产生了在日本举办"亚洲首次世界博览会"的念头。通产省希望通过宣传日本的产品来促进出口，进而提高世界对日本产业水平的认知，同时也能促进国民对产业和贸易的关注。东京奥运会成功举办后，志得意满的日本政府正式拍板决定在大阪府吹田市的千里丘陵举办世博会，并且正式提出了申请。

1965 年 9 月，大阪正式获得举办权。[1] 大阪世博会的会期为 1970 年 3 月 15 日至 9 月 14 日，共计 184 天。在经过了 20世纪 60 年代的高速发展后，大阪世博会似乎成为了日本经济高速增长的最佳象征。多达 6400 万人在大阪世博会的现场目睹了想象中的美好未来,确认战后日本的复兴与崛起。[2] 学者吉见俊哉曾则将大阪世博会称为日本对战后经济发展成果进行自我确认的"纪念碑":

> 从国际上来看,这次世博会相当于 60 年代世博热潮的尾声,在它前面是 1958 年大获成功的布鲁塞尔世博会、1964—1965 年的纽约世博会和 1967 年的蒙特利尔世博会。对二战后一直持续到 60 年代的全球性"经济增长时代"的前途的梦想和人道主义在大阪世博会上得到了象征性的体现。
>
> 在战后日本社会,这次"日本万国博览会"似乎获得了一种特权性的地位,完全无法用上述国际背景来加以说明。它是一种集合式的意象,是达成了高级高速增长成果进行自我确认的纪念碑。[3]

整个 20 世纪 60 年代,日本在告别安保运动的纷扰后,全社会都沉浸在奥运会带来的自豪感中。自 1945 至 1955 年,日本在美国的援助下从二战的巨大破坏中稳步复苏,工业产出持续增加,新的消费品不断在市场上推陈出新。而 1955 至 1973

《朝日新闻》对大阪世博会开幕情况的报道。

资料来源：『朝日新聞』、1970年3月16日萬國博特報、3版。

年间，日本全国经济实质增长8倍。自20世纪50年代开始，世界贸易处于一个罕见的理想环境中，而日本则是恰逢其时地利用了这个量级，"从而实现了几乎比整个世界贸易增长率高一倍的出口增长率"。[4] 这段时间内，日本经济高速增长之所以能实现，另一个重要原因是工业品出口急剧增长，输出总量从1965年的85亿美元，猛增至1972年240亿美元。仅家用轿车一项，输出所占生产量的比率，1965年为17%，1972年时激增至39%。整个60年代世界经济处于景气周期，而美元与日元之间的汇率又固定在360比1，进一步扩大了出口规模。

　　1965年至1971年间，除去社会主义阵营的国家，日本所增加的出口量在全世界贸易量新增部分中，占钢铁制品的54%、汽车的46%、民用电机电器的90%、一般机械的38%、船舶业的54%。[5] 到了20世纪70年代初，以每一千平方公里可居住面积的石油消费量为例，西德为4990万桶，英国为3150万桶，而日本却高达8770万桶。同样，再以每一千平方公里的电力消耗量为例，西德为1330亿千瓦，英国为1090亿千瓦，日本则高达2680亿千瓦。[6]

有了工业制造与贸易的蓬勃发展，"国民收入倍增计划"的愿景似乎也在一步步变成现实。到了大阪世博会举办之时，日本的GNP在全世界已位列第二，仅次于美国。当时经常往来于美国、日本之间的傅高义对当时日本的发展荣景印象深刻，也正是在那个时候萌生了撰写《日本第一》这本书的念头。

　　我第一次产生写《日本第一》这本书的想法是在1975年。从1960年到1975年这15年期间，基本上每年至少会去一次日本，但最长会待两个月。1975年，我获得一次学术休假，因此在1975至1976年，妻子苏珊娜和我在日本度过了一学年。当时大儿子大卫已经上大学了，我们带上了两个年幼的孩子，史蒂夫和伊芙。我们有充足的时间再次拜访朋友，以及1958

至 1960 年间住在日本时曾去过的地方。1975 至 1976 年时，我们有时间仔细观察事物，在过去 15 年间事情有了翻天覆地的变化。[7]

单从指标上来观察，战后日本经济的复兴乃至崛起几乎是"难以想象"的。美国对日本的资金援助仅持续了很短的一段时间，截止于 1951 年，总额约 18 亿美元。借着朝鲜战争所带来的"战争繁荣"，至 1955 年日本人均收入已恢复到了 1935 年的水平。此后 18 年间，日本人均实际收入一直维持着 8% 以上的高速增长，而 1973 年日本国民生产总值是 1955 年时的 5 倍以上。

1979 年时，傅高义正式出版了让他在世界范围内暴得大名的《日本第一》。在初版序言中，傅高义不厌其烦地强调他的写作初衷是"为美国人敲响警钟"，亦如此书的副标题——"对美国的启示"。他希望在这本书中探究："先天资源匮乏的日本怎么能把美国人都束手无策的一大堆问题，处理得井井有条？"在傅高义看来，在当时所有世界发达国家中，日本最妥善地处理了后工业化社会所遭遇的各种问题。而其成功不仅局限于经济，教育、治安、福利等各领域皆首屈一指。传统上，日本人更乐于将这一系列成功归功于日本独特的民族性，但傅高义则认为这种战后繁荣是远见卓识的长期规划以及高效组织动员能力带来的。尽管日美的文化风土截然不同，但前述两项则是美国可以学习效仿的。

实际上，推崇"日本奇迹"的风尚一度席卷美国学术圈。无论是社会学、政治学，又或是经济学领域，美国学者都开始孜孜不倦地研究日本的复兴成功之路。加州大学圣迭戈分校日本研究所主任查默斯·约翰逊（Chalmers Johnson）❶在1982年出版的"日本研究"名作——《通产省与日本奇迹——产业政策的成长（1925—1975）》的最后一章，干脆喊出了"日本模式"的口号。约翰逊将日本通产省视为日本战后经济快速崛起的"引领者"，而美国则对制定相应产业政策缺乏预期。书中，约翰逊毫不吝啬地大段转引了索尼公司原社长盛田昭夫对美国企业文化的批判。在这位日本战后最成功的企业家看来，美国企业过于追求短期利润，而当时日本企业家的眼光要更长远，而且与政府保持良性互动。尽管傅高义并不是唯一一位深入研究日本成功之道的西方学者，但他无疑是最有名的一位。而他的《日本第一》在欧美以及日本都取得了惊人的销量。用他自己的话

---

❶ 查默斯·约翰逊，美国日本政策研究所前所长、日本经济政策专家，著有名作《通产省与日本奇迹：产业政策的成长（1925-1975）》。

来说，就是"我估计书会卖得不错，但也没想会这么好"：

> 《日本第一》于 1979 年出现在书店。这本书的
> 销量出乎所有人的意料。在美国，精装本卖出了 4 万册，
> 平装本卖了 10 万册；在日本，一共卖出了 70 万册并
> 持续在书籍畅销榜上停留了好几个星期。[8]

这本书如此畅销的另一个原因是赶上好时机。《日本第一》出版时间正好是 1979 年东京首次承办 G7 峰会的前几周。时任日本首相的大平正芳在峰会前举行的记者会上以及峰会上都公开夸赞《日本第一》，甚至认为这是一本有关世界趋势的优秀指导读物。当日文版出版时，出于营销考虑，出版社在封面上保留英文标题，因为这能让潜在读者意识到这本夸赞日本崛起的书真是外国人写的，会更有吸引力。对此情况，另一个日本研究专家赖世和（Edwin O.Reischauer）❶曾这样揶揄："这本书应该在美国成为必读书目，在日本则该被禁止出版。"

1973 年时由于"石油危机"爆发，日本快速的经济增长一

---

❶ 埃德温·赖肖尔，又译为赖世和，美国知名历史学家、外交学以及东亚问题专家，在哈佛大学任教期间是费正清的同事。1962 至 1966 年间出任美国驻日大使，曾建议美国改善与中华人民共和国的关系。

度暂停。1974 年，日本的 GNP 遭遇了自从 1950 年代以来的首次下跌。经济增长从 1960 年的两位数变成 1974 到 1979 年间平均 3.6%。但在这 4 年内，日本工业界成功克服第一次石油危机造成的影响。从 1978 年直到 1990 年，日本的竞争力提升速度远远超过了同时代美国和欧洲。日本甚至成为各类主要工业产品制造者，尤其在汽车和电子领域。因此日本也开始进入了财富"享受"乃至"挥霍"的阶段。根据日本经济学家都留重人 1977 年在《经济学人》上发表的论断：当时的日本"还未达到经济上最幸福的阶段"。随后而来，便是灯红酒绿、五光十色的泡沫时代。

○ "日本治世"

1983 年 5 月 27 日，G7 峰会在美国弗吉尼亚州威廉斯堡召开。在第二天报纸的头版的照片上，画面只有时任日本首相中曾根康弘一人潇洒地正对镜头，包括里根、撒切尔夫人在内的西方领导人仿佛如配角般立于他两侧。

战后以来，日本媒体忽然惊讶地发现自己国家领导人不再是欧美国家的"跟班"，而成为了真正的主角。日美关系的历

△　G7峰会领导人合影

▽　麦克阿瑟与昭和天皇的合影

史画面不再是膀大腰圆如麦克阿瑟与矮小单薄如裕仁天皇的并肩合影。此时此刻站在了高大英俊前好莱坞明星身旁的中曾根毫不逊色，同样神采奕奕。前后几十年，日美领导人之间的合影戏剧性转变，似乎也映射出日美关系的转变。日本似乎不再只是美国人的"占领地"，而已跃升为当时世界第二大经济体与美国平起平坐。其风头甚至盖过了当时经济乏力、社会问题丛生的西方各国，在世界独树一帜。

尽管有不少人认为"中曾根首相巧于利用大众传媒来影响舆论。外交是他提高声望的最大资本"。[9]然而，让他有底气的根本基础当时还是日本蓬勃的经济实力。1980 年 7 月 21 日的伦敦《泰晤士报》宣称日本已经崛起成为"世界第一流的工业化国家"。1985 年时，日本成为了纯债权国，对外净资产世界第一。三年后，日本对外总资产也跃居世界第一。与之同时，美国却变成了世界最大债务国。日本长年的经常性收入连续顺差和对外纯资本积累，使"日美经济逆转"的说法成为当时最流行的话题。而美国人对这个说法的反应则是抛出了"广场协议"。

1985 年 9 月 22 日，美国、日本、联邦德国、法国及英国的财政部长及央行行长在纽约广场饭店举行的会议上达成共识，同意联合干预外汇市场，引导美元对其他主要国际货币进

昭和风、平成雨

行可控、有序的贬值，以解决美国巨额贸易逆差问题。1985年广场协议刚达成时，1美元兑换240日元，12月30日就变成了1美元兑换200日元，第二年7月飙升至150日元。广场协议签订后的6年内，日元升值近4倍。

这种变化对日本经济带来了极大的冲击，也被不少人认为是日本日后陷入长期萧条的真正肇因。然而，当时的日本人却并未预料到这种结果，而是沉溺于"异常的经济景气"之中。正如前总理宫泽喜一对此曾评价的那样：

> 也许大家会感到意外，但我认为是1985年的广场协议……那时1美元兑换242日元，1995年时一度涨到1美元兑换79日元。本国货币发生了巨大变化，国民如何理解和接受是一个问题。经济变化之大，先是发生了异常的经济景气，之后又走向了反面，日本进入了十年的经济低迷期，到现在似乎在慢慢走出低谷。在此期间，国民生活状态也发生了巨变。货币不仅仅是金钱的问题，雇佣状况也因此发生重大变化。终身雇佣制出现了变化，开始出现自由职业者。这一系列变化都是自1985年开始的。虽然现在或许还不能断定，但我认为这就是战后日本第二个转变期。[10]

广场协议签订后日元的急速升值给日本的出口产业带来了巨大打击，随之而来的就是短期的"升值性萧条"。1986年1月，日本银行将贴现率从5%下调至4.5%，并开始持续实施降息。一年之后，贴现率降到了史上最低的2.5%。大藏省还决定实施高达6兆日元规模的景气恢复措施。至于企业为了对冲日元升值的风险，日本人"最本能"的反应就是加大对海外的直接投资。日本企业利用日元升值，开始在海外大量收购资产。日本国内泡沫经济亦迎来最高峰。1981年至1985年间，日本企业的对外直接投资总额约118亿美元。而1986至1990年间，对外直接投资总额却猛增5倍，达到了572亿美元。[11]

忽然变得更加有钱的日本企业挥舞着升值的日元，开始争先恐后地进军海外，甚至在美国一掷千金进行并购，进而加剧日美之间的贸易摩擦。除了制造业投资，日本企业在各领域的海外收购行为也越来越多，以至于连哥伦比亚影业公司、克莱斯勒大厦等都成为收购对象。由于日元升值，日本人无论何时出国旅游都能以更便宜的价格购买商品。日本人开始在海外疯狂消费，大批买下美国和欧洲的商品、房产和企业。其中一些出手阔绰的买主甚至在美国引发了怨恨，比如当日本企业买下纽约洛克菲勒中心和两个重要的好莱坞象征——哥伦比亚影业公司和环球影城。[12] 外务省研修所所长、前日本驻沪总领事片山和之对此现象曾这样评价：

> 投资也需要顾及对方的感受。例如，日本泡沫经济时期，不少日本企业去美国购买洛克菲勒中心、好莱坞的电影公司等性质上属于"美国象征"的物业，结果使美国人非常反感，当时在一定程度上加剧了日美摩擦。[13]

　　除了在欧美国家大肆收购各类资产，日本资本的另一个重要去处就是在以中国为代表的新兴发展中国家投资或提供贷款及援助。从1979年开始，日本政府正式决定向中国提供由日元贷款、无偿援助和技术援助组成的政府开发援助。其中，尤以日元贷款为多，占到了对华援助总额的90%以上。根据日本外务省的统计，自1979年至2016年，对华日元贷款达到3兆3165亿日元，无偿援助为1576亿日元，技术援助为1845亿日元。第一笔日本对华日元贷款始于1979年12月。当时，时任首相大平正芳率团访华。在这次访问中，日方正式确认对华实施日元贷款。日本由此成为了第一个向中国提供政府贷款的发达资本主义国家。第一批项目提供500亿日元的贷款，年息3%，

10 年宽限期，20 年内偿付，采购方式上采取非捆绑方式。这些贷款对刚刚开始改革开放的中国来说，当然有极大助益，但对日本来说同样非常划算。1978 年 8 月，园田直外相曾明确指出："日本没有对中国提供援助这样一种傲慢的想法。而是希望互通有无，从而对双方都有益。"他的继任者大来佐武郎也说过："中国的经济发展有利于日本，而且也绝不是单方面的贷款，从长远有利于我国的能源政策来看，对华日元贷款是互惠的，从日本的国家利益来说，也是做一点事才更好。"而之后中曾根康弘也曾对中国的领导人说过："对华合作，是对于由于战争给中国造成重大损失的反省的表现，是理所当然的事情。"与此同时，这也为日本企业进入中国市场，创造了极为有利的环境。

1986 年 3 月，傅高义在《外交事务》（*Foreign Affairs*）上发表了新文章《日本治世？》（*Pax Nipponica?*），文章开头就写道："后世的历史学家可能不会忘记，在 20 世纪 80 年代中期日本取代美国成为世界一流经济大国的这段历史时期"。[14]

另一方面，日本国内的资本市场，尤其是股票、房地产开始了一轮又一轮，看似永无止境的猛涨。日元的快速走强，直接导致 1986 年出现了所谓"日元升值萧条"。日本的实际增长率从 1985 年的 5.2% 下调至 1986 年 2.6%，而工矿业生产指数则干脆从 1985 年 3.4% 变成了 -0.5% 的负增长，企业经常性利润同比下降了 3.1%。[15]1987 年后，日本开始告别外需主导型的增长模式，转而向内需主导变化。之后的两三年间，日本经济宛如柳暗花明一般迎来一段异常的繁荣景气。伴随内需的升高，日本国内股票、地价持续暴涨，投机之风盛行。

日经指数从 1986 年 1 月 13000 点飙升至 1989 年末的 39000 点，猛涨了三倍。另一方面，房地产的荣景也是一片向好。1985 年至 1989 年间，日本企业融资规模越来越大，股票资本所占比例从 1980 年的 16% 增至 1989 年的 35%。1986 年底，日本全国土地资产总额已经过超过了国内生产总值。两年后即 1988 年，前者已经是后者的 1.4 倍。而股价总值也在 1989 年时，达到了国内生产总值的 1.3 倍。[16]野村证券的前董事长田渊节也就曾说过，在东京赤坂一块不比报纸大的地皮就能卖到 3 万美元。他还向自己的美国下属吹嘘，东京皇居的价值超过美国加州所有房地产以及纽约证券所所有股票价值之和的两倍。[17]

至 1985 年广场协议签署之时，昭和天皇已经成古今历代天皇中最长寿者。这一年 12 月 25 日，昭和天皇已登基达 60 年之久。不过，自 1987 年起，昭和天皇健康出现问题，虽进行了手术，但终不见起色。对后藤田正晴这一代日本人来说，漫长的昭和时代几乎就是自己的人生，那时他们也开始意识到那个时代即将过去：

> 到了 1985 年 7 月 13 日，昭和天皇的年龄超过历代天皇的最高寿命，据说是 30757 天。同时，到那年 12 月 25 日，昭和天皇在位进入第 60 个年头。由于喜庆的事情接踵而来，因而次年 4 月 29 日在天皇诞辰那天，在国技馆举行了庆贺天皇诞辰的盛典。对此，无论是首相，还是我，因为都是旧体制过来的人，抚今追昔，心中都有万分感慨。但是从 1987 年开始，中曾根内阁逐渐进入末期。那时昭和天皇身体已经有恙，住进宫内厅医院，而且决定手术治疗。我对陛下的逝世深有感触：啊，昭和时代到此结束了！死是无法避免的，作为人谁都会对此感到无奈。虽然话可以这么说，但是我心里还是充满难以言表的悲痛。现实是无法逃避的，我在感到悲痛的同时，清楚感到时代变了。[18]

1989 年 1 月 7 日清晨 6 点 33 分，昭和天皇去世。被广大日本人以"激动"来形容的昭和时代终告落幕，定格在了昭和六十二年，皇太子明仁即位。7 点 55 分，首相官邸与宫内厅同时对外发布了昭和天皇去世的消息。对外发布的时间，之所以

△ 《每日新闻》关于昭和天皇去世及平成天皇即位的号外

资料来源：『每日新闻』、1989 年 1 月 7 日号外。

▽ **小渊惠三**（1937—2000），日本第 84 任内阁总理大臣，曾历任内阁官房长官、外务大臣。因作为官房长官对外宣布了"平成"年号，也就有了"平成大叔"的外号。2000 年 5 月中风突发，病逝于总理任上。

大约等了 1 小时又 20 分钟，据说是为了遵循发布大正天皇去世消息时的先例。[19]

事后来看，昭和天皇去世之时，恰好是所谓"泡沫经济"最辉煌的一刻。尽管老一辈人发出了"时代变了"的感慨，然而大部分日本人却并未意识到眼前的好日子已经开始了倒数。1 月 7 日下午，时任竹下登内阁官房长官的小渊惠三在新闻发布会上正式对外宣布新年号为"平成"。

平成元年 10 月即 1989 年 10 月，三菱地所正式取得纽约克莱斯勒大厦 51% 的股份。这座建于 1930 年、最受美国人喜爱的摩天大楼，成为了日本人的财产。与此同时，1989 年，索尼公司创始人盛田昭夫与石原慎太郎一道写了那本"声名远扬"的《日本可以说不》。或许是为了照顾美国人的感受，此书英文版在美国正式出版时，删除了所有盛田昭夫的文章。

平成元年 12 月 29 日，东京日经指数来到了历史最高点——41957.44 点。

○ "牛顿终于来日本了"

尽管经历了昭和天皇的去世，但平成元年依旧在股市、房

《朝日新闻》对三菱地所正式收购克莱斯勒大厦的报道
资料来源:『朝日新聞』、1989 年 10 月 31 日夕刊、4 版。

市的狂欢中结束,而日本企业在海外继续予取予求,日本游客则在世界各地被视为"金主"。当日本股市泡沫泛滥至最高点时,并不是没有声音质疑日本股市是否过热、股价是否过高。不少欧美有代表性的金融媒体和研究机构都对"日本治世"究竟能持续多久,感到忧虑。而日本的证券公司们则完全不在乎,甚至喊出:

日本股票市场里不存在重力法则!

类似这种乐观到盲目的情绪不仅充斥金融行业,也在当时的日本媒体以及普通民众中蔓延。1990 年 1 月 3 日的《日本经济新闻》就认为："以目前的经济形势和良好的股票供求关系为支撑，日经指数将在年底涨到44000点。"而《朝日新闻》的标题则是"一年后45000点见"。[20] 然而，就在一天之后即1990年1月4日新年开市后，日本股市就开始了漫长的下探期。用美国著名经济学家、《漫步华尔街》作者伯顿·麦基尔（Burton Malkiel）的话来说便是"牛顿终于来日本了"。[21]

从1991年下半年开始，地价也开始了下跌。从1991年7月后的一年半之间，东京住宅用地下跌幅度达到14.7%。然而，已经享受了数十年经济高速增长的日本人起初并没有特别担心，大多认为这不过是平成初年一次短暂的不景气插曲。

1992年1月，刚打赢"海湾战争"的老布什总统对日本进行了国事访问。1月8日，在时任首相宫泽喜一主持的欢迎晚宴上，老布什突然感到身体不适，止不住呕吐，结果整个人都倒在宫泽喜一的腿上，甚至还从椅子上跌了下来。之后据说是因为行程安排过密，下午时又跟平成天皇打了网球，才导致身体过于疲累。当从电视新闻和第二天报纸上知道这桩"大新闻"后，不少日本人的感想是："美国总统倒下了，日本首相扶住了他。这正是当今日美关系的象征。"在此基础上，又衍生出日本已经比美国更强大的想象。[22] 换言之，当时大部分日本人并未意识到他们已经走入了那段"失去的十年"，又或是长达30年的"平成不况"。

　　　　　　　　　　　　　昭和风、平成雨

「大丈夫」と救急車断る

米大統領　過密日程響いた？

主役空席

首相主催の夕食会欠席のブッシュ米大統領に代わりあいさつするバーバラ夫人へ、左は空席のブッシュ大統領のイス＝8日午後8時過ぎ、宮殿で

バーバラ夫人　残ってあいさつ

天皇陛下とテニスを楽しむブッシュ米大統領＝8日午後、赤坂御用地内で、SP好庁提供

△　《朝日新闻》关于老布什总统呕吐事件的报道

资料来源：『朝日新闻』、1992 年 1 月 9 日朝刊、14 版。

送走疲累的老布什后，宫泽喜一内阁在国会遭遇了一连串奇袭，政局持续动荡了一年。直到1993年6月，小泽一郎、羽田孜等一大批自民党要员在内阁"不信任案"中集体倒戈，宫泽喜一被迫解散众议院提前大选，结果自民党议席不过半。最终，产生了以细川护熙为首相、在野八党组成的所谓"非自民·非共产连立政权"。

比起自民党糟糕的选情，日本经济似乎显得更加"疲软"，历经一年多的"技术调整"后，日经指数仍没有重新振作，以至于资本热度开始越来越冷清。1989年时，日本股市新股发行总额高达5.8兆日元，到了1992时却只剩下了40亿日元。1998年时，虽然恢复到2840亿日元，但也仅占1989年时的5%而已。众所周知，股票市场存在的根本意义就是为企业筹措资金，"从这一层面上看，20世纪90年代前半期东京证券交易所无异于停业"。[23]股市的长期萧条，导致整个金融市场的萧条乃至动荡。1997年11月，山一证券问题的东窗事发成为一起标志性的事件。

这家创建于明治年代的证券公司是日本历史最悠久、最富盛名的金融机构之一。在20世纪80年代最辉煌的时期，山一证券所经营的资本总额高达24万亿日元，有业务关联的企业横跨各个行业，被视为"日本第一"时代最具代表性的象征。

△ 《岁月的童话》中出现的山一证券招牌

吉卜力出品、著名导演高畑勋执导的动画电影《岁月的童话》(おもひでぽろぽろ) 中，便将山一证券的会社招牌作为"时代象征物"放入了背景之中。而在电影上映的 1991 年，山一证券的问题尚未全面爆发。

1997 年，山一证券向大藏省的报告中，承认存在高达 2600 亿日元没有计入资产负债表的亏损。当时山一证券的现金流不过 4000 亿日元，这笔亏损已经超过其现金资本的一半以上。之所以会出现如此巨额的亏损，是因为当时日本的"经营特金"机制。所谓"经营特金"是指，由证券公司来负责运用客户企业的委托资金进行投资。一般而言，这类资金的使用完全由证券公司决定，而证券公司也可以通过大量、频繁的投资交易赚取手续费。依照法律规定，在这类交易中承诺本金不会有损失是违法的。然而，在实际操作中证券公司却大都给予"保本"承诺。那么如果投资出现亏损导致本金受损失，该如何处理呢？照理来说，证券公司应该公开资产运营商的损失，财务上计入公司亏损。面对股市重挫，山一证券却选择隐瞒亏损，全部由自己来承担。理由很简单，因为之前向客户承诺了"保本"。为此，山一证券采取了财务"表外化"的方法，即其向关联企业提供贷款，将因股价下跌导致亏损的股票按照最初的买入价格卖给关联企业。如此一来，就能将亏损转嫁给关联企业，进而将自己投资亏损的事情隐瞒起来。这种看似巧妙的手段，居然"顺利"运作了很长时间。在最终崩盘而不得不向大藏省报告前，日本的监管部门居然全都浑然无知。

山一证券的事件并非个案，而是长久以来的结构性弊病。同时期，爆出问题的金融机构还有北海道拓殖银行，也在1997年因不良债权问题而在一夜之间破产倒闭。在山一证券、北海道拓殖银行先后崩解后，下一颗爆炸的不定时炸弹则是同样老牌的日本长期信用银行。这家成立于1952年的银行，主要通过发行金融债券来吸取资金，过往投资大多集中于传统制造业。然而，在泡沫经济时期，开始转而大量投资不动产。结果等到泡沫破灭之时，日本长期信用银行的绝大部分投资都成了不良债权。1991年底，长银内部已确认的不良债权高达2.4万亿日元。同样的，银行高层没有将这些不良债权作为亏损处理，而是如山一证券一样通过各类手法加以隐瞒。在山一证券破产后，外界盛传长银将步其后尘，无法挺过1998年3月财年的最终结算。1997年12月，自民党政府紧急宣布向所有金融机构注资30万亿日元的援助计划。长银获得其中的1766亿日元，用于纾困。然而，其经营的根本问题并未得到解决。之后，还曾尝试与住友银行合并，但还是没有成功，直到1998年10月最终不得不宣布破产。

当时，原大藏省官员、经济学家野口悠纪雄曾问过在长银工作的朋友："到底会怎么样呢？"对方冷冷地回答："已经无药可救。"野口悠纪雄惊讶于朋友态度之淡定。其实，这或许正是清楚实际情况之恶劣后真实的绝望反应。

伴随股价下跌，地价同样开始下跌。1992年后，日本的土地价格自然也大幅缩水。根据日本不动产研究所的土地价格指数变化显示，20世纪90年代初日本地价指数为270左右，到了2004年已跌到70左右，14年间下降到原来的三分之一。除城镇外，包括耕地、山林等在内的土地资产总额由1990年的2452万亿日元萎缩到2004年的1245万亿日元，等于少了整整一半。[24] 下跌的地价又导致了更多的不良债权，进而形成一种恶性循环。

○ "平成不况"

自1991年后的十年，常被人称为日本"失去的十年"，又或是"停滞的十年"。在日本国内，对这段岁月还有另一种讲法即"平成不况"。

"不况"是一个日文汉字词，可翻译为"不景气""衰退"等。对当时从巅峰跌落的日本人来说，曾一度急于寻找造成"平

昭和风、平成雨

成不况"的罪魁祸首。于是，政治家、政党成为最先被批评的对象。内阁总理大臣开始如走马灯般快速轮回，政局的动荡与经济的衰退似乎一种因果难分的互动状态。

那段时期的美国驻日大使沃尔特·蒙代尔（Walter Mondale）对此情况感慨甚多。有一次，美国国家情报委员会的官员曾找他了解日本的政治局势。结果，大使先生则只能无奈地回答道："好吧，在不到两年的时间里，我现在已经是在和第五任日本首相共事了，所以还能指望我说什么呢？"[25] 自 1993 年至 1996 年间，日本先后出现了多达五位首相：宫泽喜一、细川护熙、羽田孜、村山富市与桥本龙太郎。自民党完成了从 1955 年来首次丢掉政权，到重新上台执政的轮回。因此也有不少人将经济衰退等问题，归咎于一度上台的在野党联盟又或是小泽一郎❶这样的谋略家只有政治斗争的本事，却缺乏执政经验，对各种危机反应迟钝。担任过官房长官的自民党"老臣"后藤田正晴却并不这么看：

---

❶ 1989 年时年仅 47 岁的小泽一郎成为了自民党历史上最年轻的理事长，一度成为自民党内最重要的实权派人物。1992 年因党内权力斗争而失势后，小泽一郎拉拢分化了自民党，直接导致在 1993 年大选中自民党从 1955 年以来第一次败北，丢失政权。2003 年小泽一郎加入当时的在野党民主党。因涉嫌经济丑闻，2010 年身为民主党党首的小泽一郎宣布辞职。两年后，他又成立新党——国民生活第一党。

反应迟钝并不奇怪，换上谁不迟钝呢？那是因为没有一个适当的体制才造成的，有关自然灾害情况的信息报告是要从官邸的内阁调查室转去国土厅。而国土厅并不是负责处理灾害等紧急突发事态的单位。在那里，夜间没有政府官员、而只有警卫公司的人在值班。

我在担任官房长官的时候，有过一次伊豆半岛火山爆发。那是傍晚时候的事。当时虽然同国土厅进行了联系，但人都已经不在了。于是，我把有关人员都找来做了部署。东京都也一样。政府部门就是如此，即使发生了地震，它们肯定也是处理不了的。所以我说，在没有一个健全体制的情况下，去喋喋不休把对策迟钝的原因说成是由于社会党的执政是不合道理的。即使是自民党执政，也会同样出问题。[26]

1995 年 1 月，发生了阪神大地震。正好在一年前，美国加利福尼亚州北岭地区也曾发生剧烈度类似的大地震，但所造成的损失则有天壤之别。当时，北岭地区地震造成死亡 61人（仅为阪神地震的 1.1%）、9000 人受伤（仅为阪神地震的34.6%）、1.4 万栋房屋被毁（仅为阪神地震的 7.4%）。尽管"从地震性质、人口分布及城市密度来看，将两者放在一起比较并不公平，但对日本民众来说，却足以打击他们多年来引以为傲的社会效率与精英化的官僚制度"。[27]

之后，紧接着发生的、骇人听闻的奥姆真理教东京地铁沙林毒气事件，进一步凸现了行政体制的不健全与效率之低下。这一系列天灾人祸以及本就陷入"不况"的经济，进一步加剧社会"萧条"的氛围。沮丧的情绪不再局限于经济领域，而是向社会各方面扩散。正值旧世纪末，千禧年将至，几年前还歌舞升平的日本社会似乎转瞬间被笼罩一股如同"末日降临"的压抑气氛中。这种社会情绪甚至在动漫流行文化中都有了具体的显现。1995 年 10 月，著名动画导演庵野秀明的《新世纪福音战士》（新世纪エヴァンゲリオン）在东京电视台开播。这部以末世、晦涩以及反英雄为特征的动画作品，迅速获得追捧甚至引发了社会层面的激烈讨论，这或许就是因为其暗合了当时日本的社会心理。

实际上，战后日本的行政管理体制相当程度上是源自战前的，尤其以经济产业领域及其对应的政府部门为代表。包括岸信介在内的大量政治家与官僚皆是所谓"产业合理化"理念的信徒，反对企业间的"过度竞争"，主张在政府层面对产业发展做出长期规划并出台一揽子的配套政策。战败后，明治以来的传统财阀或多或少受到限制乃至肢解，然而政企合作的传统以各种改头换面的方式始终延续着。如大藏省内负责预算编制的主计局经常被形容为"军队式"组织，而各次长下配备的主计官等则被戏称为"师团"。之所以被冠上这类外号，主要是"因为主计局在信息情报传达及决策过程方式上都被明确规划为军队式的上下直线性系统，责任分担也十分明确"。[28]

在"日本第一"的年代里，这种制度安排被认为是日本独有的优势。傅高义就认为："很多政府和企业领导人有足够远见，坚定不移引导日本度过经济复苏和发展时期。"[29]但是，到了"泡沫"破灭之时，则往往是互相牵扯影响。日本泡沫经济的崩溃，就是始于 20 世纪 90 年代日元、债券、股票的连续下跌，继之以金融机构、大型建设商、特别住宅金融专门会社等部门。在经历了泡沫经济时期粗旷的放贷后，此时相继迎来了大量债权无法收回的情况。[30]政府与企业如同是一对抱在一起的溺水者，一边挣扎一边把彼此拖入更深的漩涡之中。再以金融行业为例，就有外国学者坦率地指出：

日本金融业的运作不是根据实际价值，而是依照官方命令行事，甚至有人更进一步批评受政府控制的市场如果漠视现实，将导致怎样的结果。在这一点上，日本这个案例似乎比分析苏联还要合适……

> ……为了支持市场，大藏省创造了一个非常细致巧妙的"暗箱"。股票不分红，不动产开发不产生现金流，企业不必归还借款，资产负债表上可以合法隐藏损失和负债，在这种条件下，企业完全不用担心失败……这完全是一个权力机构，但同时也是个庞氏骗局：资金只要能连续不断地流入，就能顺利地运转；资金流动一旦停滞，则立即出现问题。[31]

短短几年间，此时的日本既告别了高速增长，也没有了传统官僚体制的保驾护航，不仅股市全面重挫，地价也一泻千里，不良债权水涨船高。政界、经济界围绕"究竟是不良债权问题导致日本经济长期不景气，还是经济的长期不景气导致了银行不良债权问题？"这个"鸡生蛋，还是蛋生鸡"的问题争论了数年。但难题却没有被解决，反而愈演愈烈。[32]

小泉纯一郎时代的负责处理金融问题的特命担当大臣竹中平藏将当时的日本政府的处理方式称为"不取出癌细胞，光给营养剂"，而陷入困境的银行和企业居然也同样拒绝"手术"：

> 正视现实，只要做了"免除债务"的手术，有实

力的企业就可以活过来。但是，银行方面坚决反对"手术"。因为一旦免除债务，贷款收不回来就会成为"既成事实"。其结果是，银行自有资本不足，有可能亏损，甚至破产。这或许也是很自然的反应。对于能够把借款一笔勾销本应该感激不尽的企业竟然也拒绝"手术"。申请免除债务，就相当于企业负责人承认了"犯了还不起借款的经营失误"。不愿承担责任的企业领导还在编着"还有还债可能性"这样虚构故事。总之一句话，银行也好，企业也好，都对癌细胞视而不见。

面对这样的状况，政府实施了尽量拖延调整资产负债表的方针。要是国民和企业都不用钱的话，那就政府用，以防止事态继续恶化。政府采取了十年里追加 130 万亿日元的经济政策。简单来说，就是扩大对公共事业的投入。这个政策，就像是开营养剂来代替手术的药方一样……虽然营养剂很有效，但效果最多也只是几个小时而已。药效过了以后还是会痛，癌细胞本身也不可能消灭……即使花费了如此巨额的资金，平均每年也只能拉动 1% 的增长。这就是 20 世纪 90 年代的日本经济。[33]

昭和风、平成雨

1991 财年起，日本政府和各大金融机构在八年内处理了共56 万亿日元的坏账。然而，2002 年 3 月，不良债权问题还是来到了最严重的时刻。当时日本主要银行的所有贷款中，不良债权占 8.4%。

在此前后，大量金融机构如第一劝业银行、富士银行和兴业银行都不得不加快金融业的全面调整。2000 年 9 月，第一劝业银行、富士银行和兴业银行通过股份转移的方式联合成立了瑞穗金融控股集团，其中以第一劝业银行为主体成立瑞穗银行。2002 年，出任金融担当大臣的竹中平藏在首相小泉纯一郎的全力支持下，推出"金融再生计划"。2005 年，瑞穗银行成功处理了泡沫经济破裂后遗留下来的、高达 2800 亿日元的不良债务。

竹中平藏（1951—）在进入小泉内阁前，为庆应大学综合政策学部的教授，也曾兼任过小渊惠三、森喜朗内阁的经济政策顾问。小泉纯一郎上台后，力排众议任命其为经济财政政策担当大臣及 IT 担当大臣，后又兼任金融担当大臣。任内主要负责推行所谓"金融再生计划"，解决严峻的不良债权问题，以至于该计划也被称为"竹中计划"。

次年，在纽约证交所成功上市。2007 年，日本全体银行的不良债权所占比率终于降到了 1.5%，算是勉强度过了金融危机。

即便是捱过了金融领域的大危机，缓解了不良债权拖累经济崩溃的危机，但"平成不况"趋势却并未得到根本转变。"停滞的十年"在不知不觉变成了"停滞的二十年"，乃至是"停滞的三十年"。论及平成前后三十年日本最直观的变化，日本学者吉见俊哉就非常尖锐地指出："或许就是日本在世界经济舞台上的存在感越来越稀薄。"[34]

平成元年即 1989 年时，全世界市值最高的前 5 位企业全部来自日本，分别是日本电信电话（NTT）、日本兴业银行、

1989 年和 2018 年企业市值前十

1989 年			2018 年		
排名	企业名	国家	排名	企业名	国家
1	日本电信电话（NTT）	日本	1	苹果	美国
2	日本兴业银行	日本	2	亚马逊	美国
3	住友银行	日本	3	Alphabet	美国
4	富士银行	日本	4	微软	美国
5	第一劝业银行	日本	5	Facebook	美国
6	IBM	美国	6	伯克希尔·哈撒韦	美国
7	三菱银行	日本	7	阿里巴巴	中国
8	埃克森美孚	美国	8	腾讯	中国
9	东京电力	日本	9	JP 摩根	美国
10	荷兰皇家壳牌	英国	10	埃克森美孚	美国

资料来源：『週刊ダイヤモンド』、2018 年 8 月 25 日号。

住友银行、富士银行和第一劝业银行，而在前 50 位企业中，日本企业多达 32 家。三十年后，2018 年时，前 5 位则变成苹果、亚马逊、Alphabet、微软和 Facebook。而日本企业不仅从前 10 名中全部消失，而且在前 50 位中，日本企业仅剩下一家：丰田汽车（第 35 位）。[35]

当然，"停滞的十年、二十年又或是三十年"也并非只是停滞和失败的时代。表面上，日本社会持续陷入停滞状态，但其背后的社会结构开始发生了历史性的变化。

◎ **本章尾注**

1 吉见俊哉：《世博会与战后日本》，李斌译，南京大学出版社，2016 年，第 20—21 页。

2 武田晴人『高度成長』、岩波書店、2008 年、180 頁。

3 吉见俊哉：《世博会与战后日本》，李斌译，南京大学出版社，2016 年，第 19 页。

4 都留重人：《日本经济奇迹的终结》，马成三译，商务印书馆，1979 年，第 29 页。

5 都留重人：《日本经济奇迹的终结》，马成三译，商务印书馆，1979 年，第 29 页。

6 都留重人：《日本经济奇迹的终结》，马成三译，商务印书馆，1979 年，第 80 页。

7 Ezra Vogel, *Is Japan Still Number One*, Pelanduk Publications, 2001, p.29.

8 Ezra Vogel, *Is Japan Still Number One*, Pelanduk Publications, 2001, p.41.

9 升味准之辅：《日本政治史》，董果良、郭洪茂译，商务印书馆，1997 年，第 1238 页。

10 御厨貴・中村隆英編『聞き書宮澤喜一回顧錄』、岩波書店、2005 年、336—338 頁。

11 榊原英资：《日本的反省：被狙击的日元》，周维宏、杨柳译，东方出版社，2014 年，第 73—74 页。

12 Ezra Vogel, *Is Japan Still Number One*, Pelanduk Publications, 2001, pp.69—70.

13 《前上海总领馆总领事片山和之：贸易摩擦应看作中国成长过程中的"试炼"》，客观日本（网站），http://www.keguanjp.com/kgjp_jingji/kgjp_jj_etc/pt20190604060003.html。

14 Ezra Vogel, Pax Nipponica? Foreign Affairs, Spring 1986, Vol. 64 Issue 4, pp.752—767.

15 桥本寿朗、长谷川信、宫岛英昭：《现代日本经济》，戴晓芙译，上海财经大学出版社，2001 年，第 214 页。

16 桥本寿朗、长谷川信、宫岛英昭：《现代日本经济》，戴晓芙译，上海财经大学出版社，2001 年，第 214—215 页。

17 米尔顿·埃兹拉斯蒂：《变：日本变局将如何改变世界均势》，沈建译，新华出版社，2003 年，第 49 页。

18 后藤田正晴：《情与理：后藤田正晴回忆录》，王振宇、王大军译，世界知识出版社，2003 年，第 429—430 页。

19 後藤謙次『崩壊する 55 年体制（ドキュメント 平成政治史 第 1 巻）』、岩波書店、2014 年、4 頁。

20 野口悠纪雄：《战后日本经济史：从喧嚣到沉寂的 70 年》，张玲译，民主与建设出版社，2018 年，第 215 页。

21 Burton G. Malkiel, *A Random Walk Down Wall Street: The Time-Tested Strategy for Successful Investing*, W. W. Norton, 2007.

22 野口悠纪雄：《战后日本经济史：从喧嚣到沉寂的 70 年》，张玲译，民主与建设出版社，2018 年，第 220—221 页。

23 阿列克斯·科尔：《犬与鬼：现代日本的坠落》，周保雄等译，中信出版社，2006 年，第 67 页。

24 野口悠纪雄：《战后日本经济史：从喧嚣到沉寂的 70 年》，张玲译，民主与建设出版社，2018 年，第 231 页。

25 Ezra Vogel, *Pax Nipponica?*, Foreign Affairs, Spring 1986, Vol. 64 Issue 4, p.86.

26　后藤田正晴：《情与理：后藤田正晴回忆录》，王振宇、王大军译，世界知识出版社，2003 年，第 508—509 页。

27　米尔顿·埃兹拉蒂：《变：日本变局将如何改变世界均势》，沈健译，新华出版社，2003 年。

28　城山英明、铃木宽、细野助博编著：《中央省厅的政策形成过程》（上），刘晓慧、刘星译，北京大学出版社，2014 年，第 2042—205 页。

29　Ezra Vogel, *Pax Nipponica*, Foreign Affairs, Spring 1986, Vol. 64 Issue 4, p.81.

30　孫崎享『戦後史の正体』、創元社、2012 年、222-223 頁。

31　阿列克斯·科尔著：《犬与鬼：现代日本的坠落》，周保雄等译，中信出版社，2006 年，第 59、63 页。

32　小林慶一郎「不良債権」、『独立行政法人経済産業研究所』
https://www.rieti.go.jp/jp/papers/contribution/keizaironsou/02.html。

33　竹中平藏：《竹中平藏解读日本经济与改革》，林光江译，新华出版社，2010 年，第 27 页。

34　吉見俊哉『平成時代』、岩波書店、2019 年、30 頁。

35　『週刊ダイヤモンド』、2018 年 8 月 25 日号。

盗んだのは、絆でした。

『そして父になる』『三度目の殺人』
是枝裕和監督作品

万引き家族

大ヒット上映中!

《小偷家族》与新阶级社会

◯ 是枝裕和的烦恼

2018 年 5 月 19 日，新一届戛纳电影节的金棕榈大奖颁给了日本导演是枝裕和的电影《小偷家族》（万引き家族）。第二天日本国内各大媒体均以不同形式予以报道，如《读卖新闻》就将《小偷家族》获奖视为"优秀日本电影获得世界认可的明证"。而《朝日新闻》的评论则关注到了是枝裕和所想表达的深意，即"市井小民的声音在这个社会中是如何被淹没的"。在看似繁华、有序的日本社会中，也有一群如片中"柴田一家"这样苟且偷生着的人们。面对这群人，是枝裕和既不想批评指责，也不愿在电影中贩卖同情，而是选用冷静的态度去观察。

同时，用他自己的镜头将这类人真实的生活状态表达出来。多年前，是枝裕和就这样说过："自己的作品具有'新闻性'。虽说我对'新闻性''社会派'等词汇所代表的那一套条条框框表示反感。所以我自己也不怎么用这些词。不过，我希望自己不忘保持一种关注社会的视角。"[1]

2018年6月初，日本文部科学省大臣林芳正公开表示要表彰"为国争光"的是枝裕和，但这个提议却马上遭到了拒绝。载誉归国后的是枝裕和在自己的博客上，直率地表达了自己希望与公权力保持距离的理念。[2]金棕榈大奖得主的这个表态在日本舆论界尤其是网上舆论场中激起了一场不大不小的风波。支持者自然不少，反对者却也很多。不少日本网民批评是枝裕和一边拿文部省的"助成金"拍电影，另一边却故作清高。也有人认为《小偷家族》的故事原型虽来自一桩数年前轰动日本的养老金欺诈案件，但片中一家人的境遇尤其是两个小孩的遭遇完全是脱离现实的杜撰。在社会管理和福利救济制度完善的日本，这几乎是不可能出现的。于是，他们顺着此逻辑指责是枝裕和完全是为了获奖，而不惜通过渲染日本目前的社会问题乃至贬损日本形象来引起关注。[3]

在日本，出现这类批评和指责其实并不奇怪。毕竟自20世纪60年代以来，日本经济腾飞后，"一亿总中流"就成了

昭和风、平成雨

日本社会最引以为傲的国家成就。美国著名学者傅高义在写《日本第一》时就津津乐道于日本社会贫富差距微小的稳定状态。

即便是经历了泡沫经济破灭后的 20 年，这种观念在日本依旧深入人心，以至于成为一种情绪型的"社会共识"。然而，这个共识却在陷入长期经济不景气的平成年代开始发生了动摇。有学者称之为"平等神话"，日本人都"相信与欧美各国相比，日本的收入分配平等性高，并没有太大差别"。[4]原日本驻华大使、伊藤忠商事前社长丹羽宇一郎对此曾这样评论道：

> 战后日本，百姓与政府之间有一种默契，即形成中等福利、中等负担的国家，实现社会公平。为了限制过度的收入差距，政府抑制弱肉强食型的竞争，对富有阶层的收入再分配。支柱政策包括：根据法律作出的限制、所得税累计征税制度、以退休金制度为主题的社会保障制度。可是最近这个所谓"一亿总中流"的结构正在受到动摇。[5]

众所周知，自泡沫经济破灭后，日本经济一直处于长期不景气之中。例如日本 GDP 的真实增长率从 20 世纪 80 年代的每年 4% 变成 1991 至 1998 年间的每年 1.25%，这让日本成为主要工业国家中增长率最低的国家。而 1999 年度的财政年，日本政府预测增长率仅为 0.5%。失业率则达到了 5% 的新历史纪录，银行仍无法偿还巨额贷款，大公司破产数量空前高涨。一个个普通的日本家庭必须想方设法来扩大每个月的家庭收入。与此同时，老龄化问题威胁到了日本的生产力。日本面临的问题看起来异常复杂也难以找到解决办法。

若从经济数据来考量，20 世纪 90 年代后的日本陷入长期的通货紧缩状态。与英国比较，1990 年至 2008 年间，英国消费者物价指数的上升率为 53.8%（年均 2.4%），而日本则仅有 7.5%。[6] 从小泉内阁时期开始，日本政府就一直试图跳出通货紧缩的陷阱，因为他们认为"为了结束不景气必须摆脱通货紧缩，从 2000 年起政府将'摆脱通货紧缩'纳入施政目标"。从普通民众的角度来看，通货紧缩的大环境下，企业利润持续下降，自己能拿到手的工资随之缩减，进而导致消费不振。

滑入低经济成长期并又深陷通货紧缩的泥泞中，民众的生活水平自然很难有什么实质提高。而这也导致收入分配有进一步趋向不平等化的可能，因此低经济成长也就意味着"蛋糕"增加量变少，不同社会阶层与群体也会更执着于自己所分得"蛋糕"的大小，进而出现拥有更多社会资源者争得更多份额的情况，其结果就是加剧收入分配的不平等化。[7]

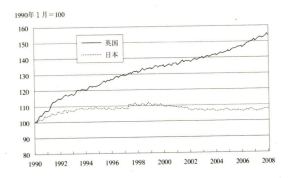

1990 年 1 月＝100

△　日本、英国消费者物价指数变化比较（1990—2008）
资料来源：中野瑞彦「ポスト平成不況の経済構造分析 -I」、『桃山学院大学総合研究所紀要』、第 34 卷第 1 号、19-30 頁。

安倍晋三在第二次上台执政时，喊出的政策口号"一亿总活跃社会"，明显就是在借用"一亿总中流"的概念与历史记忆。2016 年 1 月在回山口老家扫墓时，他还在父亲、前外交大臣安倍晋太郎墓前宣誓"要确立'一亿总活跃社会'的目标"。[8] 而与之配套的所谓"安倍经济学"也就是另一套应付通货紧缩的量化宽松政策。

与之相对，是枝裕和对这个"一亿总活跃社会"的说法有不同的看法。在接受采访时就曾坦率地表示："过去五年，日本阶级分化的情况越来越明显，对那些生活没有保障的人群，我认为应该给他们一个发声的机会。"也如傅高义所描绘的那样：

> 实际上，所有在 20 世纪 60 年代后出生的日本人都成长于和平、社会稳定和经济繁荣所带来的好处中。物质上，他们已远远超过了战后的日本人。一旦通过了这个检验，他们更注重个人生活的享受，很多人对自己的生活方式感到很满意。然而，泡沫经济破裂、长期经济衰退动摇了日本人的信心，他们开始对未来感到不安："日本将发生什么？""我和我的家庭会发生什么变化？"[9]

那么，如今的现实情况究竟如何呢？

○　贫困日本

2018 年 6 月《小偷家族》在日上映期间，东京都内发生了一桩 5 岁女童遭亲生母亲和继父虐待致死的案件。近年来，类似的案件在日本已发生多次。2017 年平安夜，在大阪府箕面市就曾发生另一件骇人听闻的虐童致死的案件，死去的男孩年仅

4岁。案发后，警方以涉嫌谋杀的罪名，逮捕了死亡男童的母亲、其男友以及另一名共同居住的友人，涉案的这三人均无业。对照这些现实中发生的惨案，《小偷家族》片中祥太、友里两个小孩在各自原生家庭中可能遭遇的不幸便是完全可以想象的了。事实上，单亲及贫困导致的贫困儿童在日本已经成为一个不容小觑的社会问题。

尽管日本总人口每年都在逐步萎缩，但单亲家庭户数却从1992年30万猛增至2016年71.2万。日本大多数单亲母亲的年收入都达不到国民年收入中位数的一半，日本单亲家庭的儿童贫穷率高达56%，远远高于普通育儿家庭，在所有经济合作与发展组织（OECD）成员国中也是最高的。而整体的儿童贫困率从1985年的10.9%上升到了2015年的16.3%。诸如"贫困儿童一日一餐，只能吃学校午餐""寒暑假结束后返校时，孩子骨瘦如柴"之类的新闻在媒体上越来越多，以至于日本国会在2015年通过了《儿童贫困对策法》。日本政府还特别成立了"儿童未来支援基金"号召各大企业有钱出钱投入儿童扶贫事业，至于这些措施的实际效果如何还很难说。

2006年，经济合作与发展组织曾在一份调查报告中指出日本的相对贫困率当时已达15.3%。所谓"相对贫困"是指人均年收入少于国民年收入中间值的一半。当时执政的小泉内阁正热心于推行以邮政民营化为代表的一系列经济自由化改革，而小泉纯一郎本人也将之视为他本人最重要的政治遗产。因此，当年日本政府坚持认为经合组织报告中显示的"相对贫困率"并不能代表日本贫富差距的真实状况。不过，以原日本经济学会会长、同志社大学教授橘木俊诏为代表的一批研究者却赞成经合组织报告中对日本贫困现象的描述。橘木认为新世纪后日本社会的贫富差距一直在不断扩大，而他自己研究中所估算的贫困率约在14%至15%之间，与经合组织之前的结论大致相符。

根据2015年经合组织发布的新一期报告，日本的相对贫困率又进一步上升到了16.1%，超过了经合组织成员国的平均水平，而收入最高10%群体和收入最低10%群体之间的收入差距达到10.7倍，比20世纪90年代的平均值猛增8倍。根据2012年厚生劳动省近年的统计，日本国民年收入中间值为244万日元。换言之，低于其一半即122万日元者均为相对贫困群体。面对这一系列尴尬的数据，安倍首相在2016年1月国会接受质询时，依旧秉持此前的日本官方态度，表示"根本没有所谓'贫穷日本'这一说。从世界的标准来看，日本还是相当富裕的国家"。

早稻田大学社会学教授桥本健二则直言不讳地指出：贫富差距的急速扩大是日本社会急需直面的严重问题，片刻的犹豫都是不应该的。在2018年刚出版的新书《新日本阶级社会》中，桥本健二认为贫富悬殊直接导致日本社会出现了一个数量庞大的"低收入阶层"，其中大部分人都无法成为各大企业的正式社员又或是公务员，只能靠打零工或者从事人力派遣服务过活，成为了名副其实的"穷忙族"（ワーキングプア）。

当然从世界范围来看，安倍的说法确实也有一定道理，况且日本的基尼系数确实不高，甚至可以说很低。根据厚生劳动省2016 年发表的《国民所得再分配调查》中所提供的数据显示，2002 年日本基尼系数为 0.3812，时至 2014 年则下降至 0.3759。[10]如此说来，进入新世纪后，日本社会的贫富差距非但没有进一步扩大，反而是进一步缩小了？

然而，若细看厚生劳动省的这份报告，或许就能发现其中奥妙。厚生劳动省给出的最终基尼系数数值是减去税收、社保等再分配调节措施后的结果。如果单看收入情况的话，日本收入层面的基尼系数已从 2002 年的 0.4983 升至 2014 年 0.5704。[11]此外，再分配调节后的得益者大部分都是 60 岁以上的老人，而与大部分青壮年阶层无关。此外，日本还有一个独特的现象：在很多贫困家庭中，丈夫的收入位于贫困线之下，但妻子却仍然选择当家庭主妇，而不是外出就业。根据 2015 年时的统计，这个群体高达 50 万人。之所以会出现这个情况，除了需要照顾年幼的孩子外，另一个原因是家庭主妇即便可外出就职，就职

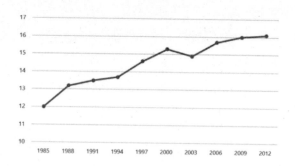

国名	全人口相对贫困率	有子女的成年人家庭（18 岁—未满 65 岁）			65 岁以上	66—75 岁	75 岁以上
		合计	成年人一人	成年人二人以上			
澳大利亚	12.4	10.1	38.3	6.5	26.9	26.1	28.3
加拿大	12.0	12.6	44.7	9.3	5.9	5.2	6.8
丹麦	5.3	2.2	6.8	2.0	10.0	6.9	13.7
法国	7.1	6.9	19.3	5.8	8.8	7.2	10.6
德国	11.0	12.1	41.5	8.6	8.4	6.5	11.1
日本	14.9	12.5	58.7	10.5	22.0	19.4	25.4
荷兰	7.7	9.3	39.0	6.3	2.1	2.2	2.0
新西兰	10.8	12.5	39.1	9.4	1.5	1.6	1.4
瑞典	5.3	3.6	7.9	2.8	6.2	3.4	9.8
英国	8.3	8.9	23.7	6.1	10.3	8.5	12.6
美国	17.1	17.6	47.5	13.6	22.4	20.0	27.4
OECD30	**10.6**	**10.6**	**30.8**	**5.4**	**13.5**	**11.7**	**16.1**

△　1985 年至 2012 年日本一路攀升的相对贫困率

资料来源：内阁府经济社会综合研究所『日本の子どもの貧困分析』，2017 年 4 月，
http://www.esri.go.jp/jp/archive/e_dis/e_dis337/e_dis337.htm。

▽　OECD 国家相对贫困率比较情况

资料来源：中田大悟「格差と貧困をどう解決するのか」，『独立行政法人経済
産業研究所』，https://www.rieti.go.jp/jp/columns/a01_0353.html。

的工资也较低，而且面对额外税收的问题。比起来，还不如在家当全职主妇。[12]

在《小偷家族》的故事中，"柴田一家"唯一的稳定收入便是奶奶的养老金。片中，无论是"夫妻"阿治、信代，还是"妹妹"亚纪都没有稳定收入，只能靠打零工或是从事风俗业来赚取微薄收入，以至于不惜靠偷窃度日。在日本，年收入200万日元以下者就可被视为"低收入阶层"的一员。根据片中柴田一家的生活状态，全家的年收入是否有200万日元都值得怀疑。而在全日本，这类贫困者的数量之庞大或许出乎不少外国人的意料，也远比很多日本人想象的要多。参照最新的调查统计，日本目前年收入低于200万日元者高达1069万人之多，而1999年时仅有804万人。另根据2017年的统计，日本全国人均年收入为422万日元，较之泡沫经济破灭之初1993年的452万日元下降明显。在20岁到34岁之间的青年群体中，认为自己属于中产阶级的人数，较之10年前掉了近10%，而认为自己是"低收入阶层"的人数却增加了13.3%。

日本文化研究者三浦展将这类滑入"低收入阶层"的中产阶级称为"下流社会"。自三浦展后，"下流社会"以及衍生而来的"下流老人"等都成了日本社会的新热词。[13] 而所谓"低欲望社会"，在某种程度上来说也是当代日本人尤其是年轻人基于不安定社会现状的一种自觉。[14] 这种自觉在行为上，可以体现在很多生活的细节上，例如对待工作的态度。长久以来，谈起日本，总会让人想起"加班"。这在战后复兴与经济高速发展阶段，或许没错，但新世纪后则开始发生了变化。1960 年时，日本制造业从业者的平均每周工作时间为 48 小时，到了 90 年代初则为 42 小时，2008 年前后则降到了 38 小时。与之相对，德国为 38 小时，法国为 36 小时，而美国则为 42 小时。

○　下流社会

　　泡沫经济破灭之初，不少人都认为日本经济总量当时仍是世界第二，而且拥有极高的全民储蓄率，这些都能帮助日本社会对抗经济不景气、老龄化等问题。漫长的不景气和金融危机却让日本国内的人寿保险公司成了最大"受害者"。首先，这些人寿保险公司往往持有大量低息国债。而金融市场一旦出现剧烈波动，在日本"官商协调"的传统影响下，大型人寿保险公司也会应政府的要求去救市接盘，结果直接导致保险公司的不良债权累计高达数兆日元。

　　1997 年，日本人寿保险公司以 2520 亿日元的亏损宣告破产，成为二战后第一家倒闭的保险银行。三年后，日本保险业排名第11位的千代田人寿保险、第12位的协荣人寿保险相继宣告破产，亏损总额高达7.4兆日元。进入新世纪后，相当多日本老人的保险、存款都随之化为泡影，以至于成为所谓的"下流老人"。顺便一提，2010年后日本的零储蓄家庭占比已高达30%，而在20世纪80年代时仅为5%。在泡沫经济破灭初期，大部分日本人依旧维持着非常高的储蓄率。根据1998年的日本统计年鉴显示，仅1996年日本人在邮政储蓄账户中存储超过2130亿日元。换言之，过去五十年中日本人存下了自己收入的23.9%。然而，在之后的20年内，这些看似天文数字般储蓄却迅速消失。尽管如此，日本人关于"一亿总中流"的想象却依旧非常"顽固"。用是枝裕和导演的话来说就是"已经得手的某种意义上的'富裕'是不可放弃的"。[15]

2012年，根据内阁府实施的《2012年度关于国民生活民意调查》的结果表明，92.3%的日本人认为自己的生活为中等程度。然而，若参考OECD的数据进行国际比较可以发现，使用显示收入分配不平等程度的基尼系数（0为完全平等，越接近1越不平等）观察收入再分配后的差距时，在未满65岁和65岁以上这两类人群中，日本的不平等度均高于OECD各国的平均水平。而且在通常情况下，65岁以上的人群享受退休制度和年金等收入保障政策，不平等程度应该缩小，但是他们的不平等程度却明显高于未满 65 岁的人群。此外，同样根据 OECD 的国际比较，观察国际比较中频繁使用的相对贫困率（收入低于中等收入额一半的人群比例），可以发现日本的贫困率在发达国家中属于最差的一组。尤其是单亲家庭，贫困率为 58.7%，与排在第 29 位的美国相差 10% 以上，名列倒数第一。[16] 于是，在一些日本经济学看来，日本的"平等神话"业已破灭，甚至在某些民生领域正变得荡然无存。[17]

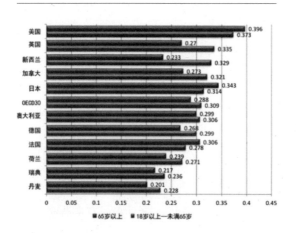

△　按年龄划分基尼系数的 OECD 国家对比情况

资料来源：中田大悟「格差と貧困をどう解決するのか」，『独立行政法人经济产業研究所』，https://www.rieti.go.jp/jp/columns/a01_0353.html。

　　　　　　　　　　　　　　　昭和风、平成雨

截止到 2016 年，日本全国领取社会福利金救助的老人已多达 1100 万人。这意味着每三位老人，就有一位是所谓"下流老人"。在东京都，这些老人可以领取政府提供的"生活补助费"和"住宅补助费"每月合计约 13 万日元。面对严峻的现实，厚生劳动省不得不承认：受养老金不足的影响，高龄者家庭被迫申请救助金的数量将会持续增加。《下流老人》的作者藤田孝典本人就是一位非营利机构的社会工作者，因此也目睹过相当多令人唏嘘的故事。在他看来，"原本贵为社长这类高地位者，晚年却沦为流浪汉的例子非常多"。[18]

2019 年 6 月，日本金融厅在一份报告中举例称夫妻两人的家庭中，如果以丈夫 65 岁退休、妻子 60 岁退休来计算，那么该退休家庭每月可能将面临平均 5 万日元的退休金短缺；若按照退休后继续生活 30 年来计算的话，那么还需要 2000 万日元，折合人民币大约为 125 万元，才能支撑起老年生活。这个说法发布后，在日本社会马上激起了轩然大波，进一步加深了人们对政府不断加收保险费却又一再推迟支付年龄政策的不信任与不安。面对舆论哗然与在野党的攻击，金融厅罕见地撤回了这份报告。尽管报告可以撤回，但问题依旧存在。沦为"下流老人"的危险，已经成为每个日本人心头真切的忧虑。

不幸早逝的动画导演今敏，在他 2003 年的电影《东京教父》

（東京ゴッドファーザーズ）里的主角就是三位浪迹东京街头的流浪者。在他看来："这些流浪汉与他们过去的生活比起来，的确都失去了人生应有的光采。他们的不幸之处并非因为身份是流浪汉，而是他们失去了曾经拥有过的光芒。"比起风餐露宿的流浪汉们，《小偷家族》里"柴田一家"唯一的不同之处或许就是有奶奶的老房子可供大家栖身。而在《东京教父》的故事里，三位身为流浪汉的主角如同《小偷家族》的"柴田一家"，也组成了一个被主流社会放逐的"临时家庭"。在今敏看来，当代的日本算是一个富裕的社会，但却产生了大量的流浪汉。他们虽不致于饿死，但却只能在街头游荡。

2018 年初，日本厚生劳动省发布了一份有关流浪汉的调查报告。根据报告的统计数据显示，日本全国流浪者的数量同比下降了 10.1%，"充分说明各地自治体社会支援措施取得显著效果"，似乎也在暗示如今日本社会的福利救济制度依旧能正常运转。[19]然而，值得注意的是，厚生劳动省的这个统计并不包括无固定住所者，只统计那些"定居"在公园、河边的流浪汉，包括"网吧难民"在内的居无定所者并不在统计之列。这类人如同"柴田一家"一样，依旧是游离在日本主流社会之外的一群日本人。

昭和风、平成雨

◎ **本章尾注**

1   是枝裕和等：《是枝裕和：再次从这里开始》，匡匡译，东方出版中心，2019 年，第 51 页。

2   「是枝監督、文科相の祝意を辞」，『朝日新聞』，2018 年 6 月 8 日，
    https://www.asahi.com/articles/ASL68677QL68UCVL025.html。

3   小峰健二・伊藤惠里奈・宮本茂賴「是枝監督「公権力と距離」発言、作品助成と矛盾するの？」，
    『朝日新聞』，2018 年 6 月 15 日，https://www.asahi.com/articles/ASL6F6RH1L6FUCVL01D.html。

4   橘木俊诏著：《日本的贫富差距——从收入与资产进行分析》，丁红卫译，商务印书馆，2005 年，
    第 1 页。

5   丹羽宇一朗：《新・日本开国论》，朗颖、葛建敏译，法律出版社，2012 年，第 241 页。

6   中野瑞彦「ポスト平成不況の経済構造分析 -I」、『桃山学院大学総合研究所紀要 』、第 34 巻第
    1 号、19─30 頁。

7   橘木俊诏《日本的贫富差距——从收入与资产进行分析》，丁红卫译，商务印书馆，2005 年，
    第 18 页。

8   『一億総活躍社会の実現』，内閣官房内閣広報室，https://www.kantei.go.jp/jp/headline/ichiokus
    oukatsuyaku/index.html。

9   Ezra Vogel，*Is Japan Still Number One*，Pelanduk Publications，2001, p.82.

10 厚生労働省政策統括官『平成 26 年所得再分配調査』，厚生労働省，https://www.mhlw.go.jp/stf
    /houdou/0000131775.html。

11 厚生労働省政策統括官『平成 26 年所得再分配調査』，厚生労働省，https://www.mhlw.go.jp/stf
    /houdou/0000131775.html。

12 周燕飛「専業主婦世帯の貧困：その実態と要因」，『独立行政法人経済産業研究所』，2015 年 6 月，
    https://www.rieti.go.jp/jp/publications/dp/15j034.pdf。

13 三浦展：《下流社会：一个新社会阶层的出现》，陆秋实、戴铮译，上海译文出版社，2018 年。

14 大前研一：《低欲望社会："丧失大志时代"的新・国富论》，姜建强译，上海译文出版社，2018 年。

15 是枝裕和等：《是枝裕和：再次从这里开始》，匡匡译，东方出版中心，2019 年，第 76 页。

16 中田大悟「格差と貧困をどう解決するのか」，『独立行政法人経済産業研究所』，https://www.
    rieti.go.jp/jp/columns/a01_0353.html。

17 橘木俊诏：《日本的贫富差距——从收入与资产进行分析》，丁红卫译，商务印书馆，2005 年，
    第 1 页。

18 藤田孝典『下流老人：一億総老後崩壊の衝』、朝日新聞出版、2015 年。

19 『平成 30 年ホームレスの実態に関する全国調査』，総務省統計局，https://www.e-stat.go.jp/stat-
    search/files?page=1&layout=datalist&toukei=00450323&tstat=000001117777&cycle=0&iroha=30
    &tclass1val=0。

昭和風、平成雨

《你的名字。》《冰菓》中的日本政治

○ 系守町、神山市在哪儿?

若论近几年来最卖座的日本电影,那动画导演新海诚于2016年推出的《你的名字。》自是当仁不让。这部现象级的动画电影不仅在日本夺得了超过250亿日元的票房收入,在中国市场也取得了近6亿人民币的高票房。伴随着电影的流行,片中女主角宫水三叶的家乡系守町所在的飞驒地区也成了"圣地巡礼"的热门观光地。片中的"系守町"虽是虚构,但根据故事设定以及电影中所透露的大量细节,可大致确定其所在地就是岐阜县的飞驒地区,具体位置应在现实中的飞驒市至高山市一带。而女主角三叶家宫水神社的原型就是岐阜县

△ 《你的名字。》男主角立花泷就是在高山市附近一家餐厅里得知了女主角三叶的家乡位于飞驒山区深处的糸守町

飞驒地区高山市的日枝神社。

日本虽为岛国，但也有八个内陆县即无任何海岸线的地区，岐阜县便是其中之一。今日岐阜县的范围包括了旧时美浓、飞驒两个令制国。其中，飞驒地区处于岐阜县北部，境内几乎都是绵延不绝的高山峻岭。较之南面位处日本东西交通要冲的美浓地区，飞驒则显得较为闭塞。江户幕府时期，飞驒是全国知名的林业区，工商业则相对落后。近代以来，由于远离日本全国主要政治中心、经济中心，飞驒鲜有机会为外人所瞩目。不过，随着《你的名字。》热潮的兴起，飞驒地区借"圣地巡礼"的东风开始成为了新兴的热门旅游目的地，甚至中国国内都有

△ 以《冰菓》为主题的高山市官方旅游手册

了以《你的名字。》为主题赴飞驒的"巡礼"旅行团。

实际上，这并非是飞驒地区第一次借着热门动漫出名。之前，由京都动画公司于2012年推出的电视动画《冰菓》，已经让地处闭塞山区的飞驒地区尤其是高山市成了日本全国乃至海外观众心目中值得一去的"圣地"。《冰菓》由著名推理小说家米泽穗信的《古典部》系列小说改编而来。故事中，男女主角所在"神山市"的原型就是米泽穗信的家乡——飞驒高山市。无论是《冰菓》，还是《你的名字。》都对飞驒又或是高山的风土人情有过细致入微的描写，甚至在主线剧情外不吝笔墨地去刻画当地社会、政治层面所面临的现状。

在《你的名字。》中，女主角宫水三叶厌倦飞驒老家糸守町闭塞无聊、缺乏活力的生活，向往大都市的热闹繁华。而在《冰菓》中，女主角千反田爱瑠也曾坦言："我的家乡只有水和土地。人们也在渐渐衰老，失去活力。"

○ 地方消灭

由于人口老龄化、少子化现象日益加剧，如飞驒这样的边远地区面临极为严峻的发展困境。2002 年时，日本全国就有三分之一的市人口不足 5 万人，其中人口最少的市竟只有 6000 人。接近 50% 的町村人口不足 8 千人，甚至有多达 50 个町人口少于 1000 人。之后十余年间，这种情况非但未能改变，反而有恶化之势。电影中的糸守町人口就只有不足 3000 人，低于全国町村的平均人口，属于非常典型的人口萎缩地区。而包括高山在内的整个飞驒地区也属于人口外流的区域。有趣的是，这种情况在《你的名字。》《冰菓》两部动漫作品中，也都或多或少得到了呈现。

对于人口萎缩、少子化、老龄化的问题，早在"泡沫经济"刚破灭的时候就已引起过日本政府的重视。当时的细川护熙内阁曾经考虑推出"国民福利税",希望能够未雨绸缪,应对"经济的高速发展的时代已经达到了高峰,今后大概将要下滑。而且在很短的时期内,儿童数目将急剧减少,老人将急剧增加"[1]的情况,却最终因为政治矛盾尖锐而半途而废。

2013年底,前岩手县知事、前内阁大臣、东京大学客座教授增田宽也在知名杂志《中央公论》上发表了一系列论述日本人口危机的文章,喊出了所谓"地方消失论",认为至2040年日本全国范围内因人口锐减而可能消失的地方自治体(即区市村町)可能达到896个,约占全国地方自治体的一半。虽然不少人批评增田宽也的言论乃是"危言耸听",但除大都市外的日本各地方确实面临着人口不断外流、新生人口急剧减少的社会实态。部分"不幸"上榜的地方自治体理所当然地表达异议,但危机感却无法视而不见。

2013年时,日本65岁以上人口就已经占总人口的25.1%,即超过四分之一。又根据统计之后的统计,2014年时,日本全国65岁以上老人的人口已达到3300万人,占总人口的比例上升至26%。与之相对,14岁以下的人口仅占总人口的12.8%。[2]受超老龄化冲击最大的,正是飞驒这样远离主要都市圈的边缘地区。实际上,早在20世纪90年代后,由于地方人口减少的关系,日本政府已经推行过一轮所谓"平成大合并",

即通过临近地区的行政板块合并来重新整合，却并未有效缓解地方社会活力不足的问题。2007年3月，北海道夕张市被指定为"财政重建团体"，这就等于宣布该市已经事实上破产了。当时夕张市每年财政收入大概有40多亿日元，但背负的债务却高达600亿日元。夕张市成为第一个正式宣布破产的地方自治体，为全日本敲响了警钟。

为对"地方消灭"危机有所回应，2014年9月安倍首相在临时国会开幕仪式发表施政演说时，喊出了"地方创生国会"的政治口号，并对地方面临的人口减少、超老龄化等结构性问题表达忧虑，强调"面向重振地方经济，以使年轻人对未来充满憧憬和希望，要竭尽全力开一个好头"，还要"重新激发地方发展的活力，解决人口减少的问题"。[3] 为此，安倍内阁创设了"地方创生相"一职，由原自民党干事长石破茂出任，负责推进人口向地方的回流，在地方创造就业机会等工作。然而，"地方创生"并不是新鲜事，早在竹下登时代就推出过"家乡创生事业"，给全国的市区町发放了一亿日元振兴资金。小渊惠三内阁曾向有15岁以下儿童的家庭和65岁以上老人，发放了2万日元所谓"地区振兴券"，试图以此刺激消费。第1次安倍内阁时，也搞过"支援地方振兴项目"。然而，上述各种政策努力，似乎都收效甚微。

昭和风、平成雨

伴随着地方社会活力的逐步丧失，地方政治也同样陷入一潭死水的状态。根据 2014 年日本创成会公布的"日本可能消失的城市"名单，在前 100 位的地方城市中，有超过一半的 (52个) 在名单发布前的最新一次行政首长选举中出现了所谓"无投票当选"的情况。换言之，"无投票当选"与地方自治体活力丧失之间有非常鲜明的因果关系。所谓"无投票当选"是指仅有一位地方自治体行政首长候选人参选，无需选举自动当选；又或是自治体议会因竞选人数低于法定议席而无需选举。

○ 无投票当选

在《你的名字。》中，糸守町的百姓在街头围观四叶的父亲、现任町长宫水俊树发表竞选演讲时，就曾满不在乎地议论道："反正这回肯定还是宫水先生当选吧。"

人们之所以会有此观感，大概有两方面的原因：

其一，宫水俊树为求连任在当地建筑企业主的支持下，已投入了相当大的资源。片中，就有他跟地方建筑公司老板在酒桌上推杯换盏的桥段。以至于老板的儿子、三叶的同学敕使河原克彦都暗暗吐槽："真是腐败的味道呢。"实际上，这是日本政商

△ 《你的名字。》中三叶的父亲、原神社神主、现任町长宫水俊树在街头为连任造势

关系长久以来的一种缩影，在地方政治生态中则显得更突出。

以自民党为例，其在地方构筑自己的组织势力，始自1960年安保斗争前后。最初是效仿英国保守党在选区设立选举干事与驻在员制度，而最直接的产物便是地方上各种自民党候选人后援会开始蓬勃发展。1961年时，全国范围内加入各类自民党后援会者就多达1000万人。[4]虽然自民党内也曾有声音忧虑候选人的后援会个人色彩过于浓厚，反而会影响党的决策，但终究无可奈何。有了地方后援会的支持，当选的候选人也自然尽量给予"回馈"，例如更多地将国家资源导向选区的基础建设。

例如 1958 年田中角荣就曾在自己的选举公报里写道：

> 我没有想当世界一流政治家或以总理总裁的身份率领一个党的美梦和想法。我把精力都投入到道路、河川、港湾和土地改良上了，所以有些人称我为"田中土方议员"。禁止原子弹氢弹爆炸运动和世界联邦运动虽然很好，但我觉得"首先应当始于足下"，所以情愿采取这种批判的态度。[5]

田中角荣的选区位于都市化程度较低的越后地区，历史上一直是较边远的农村山区。田中高喊消弭"里日本"与"外日本"之间的发展差距，为自己选区所在地引入的大量基建工程，创造了就业和财富，让他有能力长久巩固自己的选举地盘。[6]即便在他本人忙于中央事务而无暇回老家时，他引进大型工程的能力依旧强大。为此，田中角荣特别强化了自己的地方后援会——越山会，并建立了专门的秘书课负责协调。除此之外，越山会还介入当地日常生活的各个领域。但凡是在当地有影响力者，若有婚丧嫁娶，越山会便会以田中角荣的名义去送礼或致意。每年甚至还会组织当地选民集体来东京旅游，田中本人还会抽空见面，殷勤接待。[7]

日本著名政治记者保阪正康将田中的这种做法称为"日本共同社会的浓缩"：一边在中央政界确立自己的权力基础，一边以地方选区内的各种势力作为权力的来源，彼此互相驱动。田中角荣依靠人情义理建立起来的越山会，不仅是一个支持选举的组织，还渐渐蜕变为一个事实上的权力机构，实际影响着当地的政治格局与利益分配。[8]因高速增长而弱化的农村、商店协会受到政策保护，依靠着补贴、公共投资以及无息贷款而生存。而当政的自民党能够控制或影响这类资金的流向，那么双方自然形成一种"共谋式"的地方政治状态。[9]

其二则是因为由于地方人口的持续萎缩，无论是在基层行政官员，又或是基层议员的选举中，候选人开始变得越来越少，以至于时常会出现所谓"无投票当选"的情况。

以糸守町这样人口仅两三千人的山区小镇而言，面对宫水俊树这样志在连任的地方实力派，几乎不可能会有人出来正面挑战。在日本地方政治的现实中，"无投票当选"几乎已成为"统一地方选举"的常态。所谓"统一地方选举"是指二战后日本各都道府县、市町村的地方自治体首长选举与各级议会的选举，与国会众议院选举、参议院选举并称为"日本国家三大选举"。1947年4月，在联合国总司令部的监督下，日本举行了第一次统一地方选举。根据《地方自治法》《公职选举法》等相关法律的规定，统一地方选举原则上每四年进行一次，任期届满的自治体机关应在统一规定的日期内进行选举，一般安排在 4 月进行。凡年满 20 岁且在选举区居住 3 个月以上的日本公民皆有投票权。当然，由于行政首长、议员辞职、罢免、死亡等原因，也会不定期进行补选，又或是出现单独进行的地方选举。

在 2013 年的统一地方选举中，飞骅地区高山市市长国岛芳明就是"无投票当选"。而同一年，在岐阜县境内所举行的九场地方选举中，除国岛芳明外，还有三位地方行政首长也是"无投票当选"。"无投票当选"的比例之高可见一斑。到了 2016 年，在岐阜县 13 个市町的地方首长选举中，则多达 7 个市町的首长都是"无投票当选。当然，此种现象并非飞骅地区或岐阜县所独有。另以 2015 年统一地方选举为例，在当年 41 个道府县选举中，960 个地方议会选区中有 321 个选区出现了"无投票当选"，创下 1955 年以来的历史新高。在 89 场市长选举中，有多达 27 位市长是"无投票当选"。除了"无投票当选"外，日本地方议会选举中另一大奇怪现象则是"无风选举"：候选人仅比法定议席多一人。换言之，选举中只会有一名候选人落选，绝大部分候选人都会平安而无风险地顺利当选，即"无风选举"。

在日本地方政治的传统中，本就讲究人情世故又或是地方大家族以及各类组织之间的利益平衡。同时，伴随着地方人口流失与社会活力的下降，这种政治格局就变得更为固化。依照日本国内新闻媒体及政治界的普遍看法，只有地方自治体人口规模在30万人以上，才有可能出现真正意义上的职业政治家。换言之，人口越少的地方，职业政客也就越少，政治格局就越固化。

对此情况，原国务大臣竹中平藏还这样吐槽过：

> 有"地方自治乃民主主义之学校"这样一种说法。然而在日本，受益和负担并不一致，地方自治没有发挥作用。即便在这种情况下，居民还是漠不关心，是不是该说，在日本民主主义并没有发挥作用？[10]

○ "我是千反田奉太郎，请多关照！"

实际上，绝大部分小城市、小地区的所谓"地方议员"都是名副其实的"兼职政治家"。因为这些地方人口少、税基小，无法供养全脱产的职业议员，所以地方议员往往成为一种"荣誉职位"。而地方自治体行政首长则大多是政党政治协调后推举出来的职业官僚。与之相对，对普通工薪族来说，无论是成为基层地方议员又或是去竞选基层自治体行政首长，不仅收入上会蒙受损失，而且还要面临落选的风险。于是乎，在类似飞驒这样城市化程度并不高、人口也稀少的地区，在各级议会占据大量席位者、又或是地方长官往往都是来自当地的传统大家族。这类人往往拥有祖辈留下的大量土地和财富，不必担心投身地方政治活动而影响个人生计。在《你的名字。》中，身为外来者的宫水俊树之所以能顺利当上町长，很大程度上是因为他之前入赘了宫水家。在妻子去世后，他能依靠当地大族宫水家的威望和社会资源来确立自己在糸守町的政治地位。

另一方面，地方上的大家族在坐拥社会资源、政治资源的同时，往往也都担负着维系一方生息的重大责任。在《冰菓》的故事中，女主角千反田爱瑠虽只是高中生，但由于自己是当地大地主家的独生女，因此就已有了将来要振兴地方的责任意识。用她自己的话来说就是："就算顺利考上大学，我也会回到这里。无论过程如何，我的终点都会在这里。对于回到这里，我并不觉得厌恶或悲伤。我希望作为千反田家的女儿去承担相应的责任。"

动画中，千反田认为自己的性格不善经营管理，没有所谓"经营性的战略眼光"，因此转而计划去学习农业技术来"让

△ 高山市联合《冰菓》推出的主题周边产品："冰菓╳飞驒高山"系列（作者摄）

▽ 高山市的街景（作者摄）

昭和风、平成雨

大家富裕起来"。对千反田有着朦胧感情的男主角折木奉太郎不仅表示赞同，甚至还想象过他自己将来或许能替千反田来承担经营管理之责。

关于你所放弃的"经营性的战略眼光"，我来替你掌握如何？

如果顺着折木奉太郎这个想象，继续将"脑洞"挖掘下去，会是怎样的图景呢？

首先，若不出意外的话，彼此早已暗生情愫的千反田爱瑠与折木奉太郎理应是"有情人终成眷属"。若依照地方传统，因为爱瑠是独生女，因此家境普通的奉太郎很有可能会入赘当地豪农地主——千反田家。之后，若奉太郎果真想要担负起"经营性的战略眼光"的责任，那么他就很有可能通过投身地方政治来协助千反田爱瑠实现地方振兴的目标。

若选择走上地方从政之路，那么出现奉太郎站在宣传车顶或高山市街头向来往市民鞠躬招呼"我是千反田奉太郎，请多多关照！"的一幕，也就在情理之中了。

若再进一步发想，在飞驒高山从政，这就意味着需要加入自民党又或是获得自民党的支持。自所谓"55年体制"确立后，自民党就开始在全国推动大规模的党组织建设，进而拥有遍布日本全国的基层党组织，非其他日本党派可比。这方面的组织优势在农村和小城镇等城市化相对较低的地区，显得尤为明显。在这些地区，自民党支持者的忠诚度最高，投票率也最高。这种投票惯性早在20世纪50年代便已经开始形成，延续至今。自民党等于稳定的政治，而稳定的政治就会带来经济民生的高速发展。这种逻辑成为了自民党地方选举的"胜利方程式"：

> 自民党长期稳定的统治受这种经济的稳定高速增长的眷顾。自1955年至1964年间，在政党支持率上，社会党的地位江河日下，支持率持续下降，而自民党则有增无减，十分稳定。[11]

岐阜县之所以被人戏称为"保守王国"，另一个重要原因则是因为其投票人口老龄化严重，青年人口投票意愿越来越低。2017年第48届众议院选举中，岐阜县20—24岁年龄层的选民投票率最低仅33.33%。与之相对，70—74岁年龄层的选民投票率则最高达73.13%，是前者的两倍多。[12]实际上，这并不只是岐阜县一地的现象。从日本全国来看，在1967年日本众议院选举中，20—29岁青年的投票率达到66.69%，这意味着每三个青年中就会有两人前去投票。20世纪90年代以来，日本国政选举中的投票率不断降低，其中青年投票率下降幅度尤为明显，青年已经成为日本选民投票主体中最为明显的政治冷漠群体。如1993年大选时，已经变成了每两个青年中有一人会参与投票。[13]

　　20世纪90年代，日本国会选举制度进行了重大改革，日本众议院选举采用小选区和比例选区并列制。在众议院的475个议席中，295名议员经小选区选举选出，另外180名议员由比例代表选举产生。选民在一次众议院选举中同时投两张选票，一张投给一名参加小选区选举的候选人，另一张投给参加比例代表选举的某个政治党派团体。在比例代表选举中产生的议员席位，是按照各政党所获选票数在总票数中所占比例来分配的。实行小选区制后，压缩了小党在地方的生存空间，因为在之前采取中选举区制时，一个单一选区内领先的前几名候选人均有机会当选。对小党来说，只要维持一定数量的地方支持群体就有可能进入国会。改革后，则极大地加剧了小党出头的难度。最初推动这个改革的目标是希望在日本能逐步形成稳定的两大党彼此对峙，互相监督的状态。[14] 然而，这在现实层面根本行不通，反而强化了自民党在地方的下沉力度与组织动员能力。青年人一旦发现自民党在地方势力依旧甚至更强，便会容易丧失继续投票或参与的动力。

比例区で復活当選可能

今回の総選挙の定数は500。このうち、選挙区ごとに1人ずつ当選する小選挙区から300人が選ばれ、全国で11のブロックに分かれた比例区で200人が議席を得る。1994年に細川内閣のもとで誕生した。

投票のときは、小選挙区の投票用紙に候補者名、比例区で政党名を書く。

一見、参院選に似ているが、小選挙区の候補者が、同時に比例ブロックにも立候補できる重複立候

補制が導入されたため、中身はかなり複雑になった。例えば小選挙区で落選した候補者が比例区で復活当選することも可能だ。

　　◇

いよいよ総選挙です。ところが新制度は複雑難解。当選者がどう決まるのか、非常にわかりにくいしくみになっています。そこで、選挙担当記者がマンガを描き、新制度について説明してみることにしました。

（社会部・北野　隆一）

小選挙区比例代表並立制

△　《朝日新闻》上编辑通过漫画的形式宣传选举改革

资料来源：『朝日新聞』、1996 年 10 月 9 日朝刊。

面对传统政客进一步加强各自在地方的垄断，年轻人对政治的关注度屡创新低。据报道在2014年的众议院选举中，每三个青年中仅有一人前往投票。这场大选中，20—29岁的投票率为32.58%、30—39岁的投票率为42.09%。2013年7月举办的第23届参议院通常选举的投票率中，20—29岁为32.58%、30—39岁为43.78%，无论哪种国政选举，20—29岁和其他年龄段比都处于低投票率水平。1967—2014年期间，日本20—29岁年龄段青年的众议院选举投票率降幅达51.1%。在此背景下，2017年从岐阜县选出的7名国会议员，无一例外全部是自民党。岐阜第4选区即高山市所在选区的众议员金子俊平便是来自高山市当地的官宦家族，也是名副其实的世袭议员。金子俊平的父亲与祖父都是从高山市选出的众议员，也都当过内阁大臣。

而从现任岐阜县知事古田肇到高山市市长国岛芳明，又及县内各町长、村长都无例外地获得了自民党-公明党执政联盟的支持。若以此现实作为想象的依据，不仅是可能从政的折木奉太郎需要加入自民党势力，连宫水俊树町长也几乎是自民党无疑，又或是得到了自民党的背书。当然，以上只是基于日本地方政治现实来对《冰菓》故事进行的"同人创作"，既与动画无关，更不涉及小说原作，但却是极具现实意义的"思想实验"。

2018年8月26日，高山市举行了新一届市长选举。43岁精神科医生益田大辅向已经当了八年市长的国岛芳名发起了挑战。突然出现的挑战者，多少让这个"保守王国"起了些波澜。岐阜县当地媒体以"一骑讨"来形容这次选战。这场高山市久违的市长选举，投票率为61.94%，28013名注册选民没有前往投票。其中，20-30岁年龄层投票率最低仅27.34%，而70—80岁年龄层的投票率最高达55.89%。[15] 最终，初出茅庐的"政治素人"益田大辅以6505票的差距惜败给了现任市长国岛芳名。[16] 选情之激烈出乎意料，似乎也让人看到了表面上求新求变的那股潜流。

昭和风、平成雨

◎ **本章尾注**

1　后藤田正晴：《情与理：后藤田正晴回忆录》，王振宇、王大军译，世界知识出版社，2003年，第500页。

2　増田寛也『地方消滅 東京一極集中が招く人口急減』、中央公論新社、2014年。

3　「安倍内閣総理大臣の所信についての演説」、第187回国会本会議第1号、平成二十六年九月二十九日、衆議院。

4　升味准之辅：《日本政治史》，董果良、郭洪茂译，商务印书馆，1997年，第1128—1129页。

5　升味准之辅：《日本政治史》，董果良、郭洪茂译，商务印书馆，1997年，第1129—1130页。

6　田村重信『秘録・自民党政務調査会 -16人の総理に仕えた男の真実の告白』、講談社、2019年、114—115頁。

7　升味准之辅：《日本政治史》，董果良、郭洪茂译，商务印书馆，1997年，第1131—1132页。

8　保阪正康：《田中角荣的昭和时代》，林祥瑜、汪平译，南京大学出版社，2013年，第102—103页。

9　小熊英二：《改变社会》，王俊之译，上海译文出版社，2017年，第85页。

10　竹中平藏：《日本的反省：阻碍复兴的30个谎言》，周维宏、刘彬洁译，东方出版社，2013年，第77页。

11　大嶽秀夫：《经济高速增长期的日本政治学》，吕耀东、王广涛译，社会科学文献出版社，2013年，第35页。

12　「衆議院議員総選挙 年齢階層別投票率の推移（抽出）」、岐阜県庁，https://www.pref.gifu.lg.jp/kensei/senkyo/senkyo-keihatsu/14301/nenreibetsu/291022syugisenkyo.data/H29shu01hyou.pdf。

13　孫崎享『戦後史の正体』、創元社、2012年。

14　片山杜秀『平成精神史：天皇・災害・ナショナリズム』、幻冬舍、2018年、132—133頁。

15　「岐阜県知事選挙 平成29年一般選挙 年齢階層別投票率」，高山市役所，http://www.city.takayama.lg.jp/_res/projects/default_project/_page_001/002/200/h29tijinenndai.pdf；「高山市長選挙 平成30年一般選挙 期日前投票・不在者投票を投票区毎に集計した投票率」，高山市役所，http://www.city.takayama.lg.jp/_res/projects/default_project/_page_001/002/200/h300826shityou_kijitumaehuzaisyakomitouhyouritu.pdf。

16　「2018年高山市長選挙開票後分析」，https://note.mu/nora_journal/n/n81173e9dd1cd；「高山市長選告示現新一騎打ち」，『毎日新聞』，2018年8月20日，https://mainichi.jp/articles/20180820/ddl/k21/010/059000c。

第二部分：球

春风啊！我想在这草原投球！

——正冈子规

高中棒球是为了对学生进行精神教育的场所，球场是纯粹的精神和道德的教室。这就是高中棒球的本质。

——飞田穗洲

一局后半，高桥投出第一球时，希尔顿漂亮地将球击向左外野，是一支二垒安打。球棒碰到球的声音清脆悦耳，响彻神宫球场。周围响起啪啪的稀疏掌声。我那时候，不知怎么毫无脉络可循，没有任何根据，忽然响起了这样的念头：

"对了，说不定我也可以写小说。"

——村上春树

帝国与棒球

　　1926 年 8 月 15 日清晨，时任日本首相若槻礼次郎乘坐的列车抵达大阪站，他随即转乘阪神特别列车继续旅程，目的地是两年前刚刚建成的西宫市甲子园棒球场。

　　此刻的若槻内阁刚成立半年，正面临着国内外的诸多难题。关东大地震后，日本国内尚处于恢复重建阶段，伴随贫富差距愈演愈烈的是方兴未艾的左翼运动。一年前，以防范日本国内共产主义左翼运动为主要目标的《治安维持法》刚颁布施行。一个月前，以广州为根据地的国民政府正式誓师北伐，日本当局则还未拿定主意如何应对。尽管如此，若槻首相仍坚持亲赴甲子园，由此不难看出这场运动大会在日本社会的特殊地位与巨大影响力。

　　上午 10 点，若槻首相出现在甲子园球场的特别席上，亲眼

首相のサイン

△ 时任总理若槻礼次郎在甲子园观赛

资料来源：『朝日新聞』、1926 年 8 月 15 日夕刊 1 面。

▽ 首相若槻礼次郎的签名球

资料来源：『朝日新聞』、1926 年 8 月 15 日夕刊 1 面。

目睹宏伟的球场与座无虚席的看台,不由感叹:"真是了不得啊!"

代表比赛主办方——《朝日新闻》的专务下村用麦克风在场内广播道:"我国内阁总理大臣亲临球场着实难能可贵,这为本届大会更添一层光彩。"

随后,若槻礼次郎的祝词也通过麦克风传到场内数万名观众的耳中:"刚健的精神存在于健康的体魄之中,国民体育之进步乃国家向上之要素。诸君通过公平竞赛,促使国民体育进步,实为无比幸福之事。祝愿诸君之健斗!"

烈日下,若槻礼次郎看得聚精会神。《朝日新闻》的记者问他:"您看得懂棒球吗?"

若槻答:"虽然看不太懂,但见识到了勇猛的气势。"

记者又问:"阁僚中有人打棒球吗?"

若槻答:"诸位都不太在行,只有币原略晓一二。"[1]

"币原"是指当时在若槻内阁任外务大臣的币原喜重郎。而他对棒球的认知多半始于他的高中母校——旧制第三高等中学(三高)。在京都地区,三高算是数一数二的精英高中,可与东京的第一高等中学(一高)相提并论。而三高的棒球部同样历史悠久,实力甚至不逊色于一高,自1904年后,一高、三高之间的棒球对决便渐成传统。至1948年,双方前前后后共打了38次比赛,三高胜19场、负18场、平一场,实力可见一斑。

币原喜重郎在校其间，对棒球感兴趣或有所了解，自是在情理之中。实际上，在当时的日本，精英学校大多看重棒球运动，甚至将其视为磨练学生精神力的最佳方式而大力推广。

另值得注意的是，日本学生棒球兴起之时，正值甲午战争落幕之际，近代日本正迎来第一波民族主义、帝国主义思潮的高峰。武勇、团结、坚毅、纪律等精神特质，不仅成为日本军政当局皆努力推行的意识形态口号，亦成为日本棒球运动精神至上主义、胜利至上主义特征的历史渊源。换言之，球场上的胜败似乎就是民族国家竞争优劣的缩影。而日本化的棒球运动，在某种程度上甚至可以替代"武士道修炼"成为日本帝国 20 世纪的"新国粹"。而在甲子园的赛场上，若槻正是以此角度来评价棒球比赛。

○　甲子园球场上的"大连商业高中"

若槻到访的这一天是日本所谓"全国中等学校优胜野球大会"[1]即"夏季甲子园大会"的第二个比赛日，球场上对阵

---

[1] 编者注：台湾和东北均为中国的领土。当时，日本帝国主义对中国台湾和东北实行了殖民统治。

的双方分别是大阪代表浪华商业高中和所谓"满洲"代表大连商业高中。若槻入场时比赛正进行到第 4 局上半，大连在第 1 回先下两分，正以 2 比 0 领先。甲午战争、日俄战争后，日本先后将台湾、朝鲜纳为自己的殖民地，又将中国东北视为"理所当然"的势力范围。1895 年甲午战争后，清政府将台湾割让于日本；1904 年日俄战争后，俄国在东北的利益由日本接手，建立"关东州"日本租借区；1910 年《日韩合并条约》签订，朝鲜被日本吞并。伴随战火硝烟的弥漫，数十万日本人从"内地"（日本本土）移住"外地"（朝鲜半岛、中国东北地区及中国台湾地区），多数怀揣着闯荡新天地的壮志。

在大连、青岛、奉天等地，都有众多日本人聚居，渐渐也就有了日本人学校，而大连商业高中便是这样的学校。以该校为例，其参赛选手全部是日本人。当时日本人在大连兴办的学校分为官立、公立、私立三种，男女分学。大连商业是一所私立男校，作为东洋协会（现拓殖大学）的分校，学生多数是南满铁道职工的孩子。对大连的日籍高中生来说，1300 公里之外的甲子园虽然遥远，但并非遥不可及。他们的球队不仅是"满洲的王者"，在甲子园也连续两年打进前四。[2]

在 1926 年 8 月 15 日的这场比赛中，大连商业最终以 3 比 2 战胜浪华商业，闯进大会第二轮。这是大连商业连续第 4 届，

△ 1939 年代表所谓"满洲地区"参加甲子园的天津商业。

资料来源：川西玲子『戦前外地の高校野球：台湾・朝鮮・満洲に花開いた球児たちの夢』、彩流社、2014 年。

总计第 5 次作为所谓"满洲代表"参加大会。当时冠以"满洲"之名的土地的面积将近日本列岛的 3 倍，且也不局限于地理意义上"满洲"，而是将其含义扩展为整个中国东北、华北有日本人聚居的区域。不过，最初参加预选比赛的学校只有三所：大连商业、青岛中学、奉天商业。之后，又新添了两所同样以日本学生为主的学校：天津商业高中与南满工业中学，都曾打进过甲子园。目前日本国内最全面描述所谓"外地"学生棒球史的研究者川西玲子的父亲便曾经是天津商业高中棒球队的投手，也曾代表"满洲"在甲子园出赛过。

日本首相在甲子园观赏的一场比赛，其中一支是来自中国东北地区即所谓"满洲"的球队。无论是有意安排，还是纯属

　　　　　　　　　　　　　　　　　　　　　　昭和风、平成雨

巧合，其象征意义都不容忽视。显而易见，在甲子园大会的语境中，作为殖民地或被视为势力范围的学校球队皆可被纳入日本所谓"全国"范围内，进而换取当局的背书乃至支持。[3]

当代体育的概念起源于19世纪，又似乎与现代化有着或明或暗的勾连。明治维新后，"体育"概念被引入日本，被视为学校教育的重要一环。在帝国主义的语境中，体育之目的是强健体魄与磨砺意志。这既是为了个体能献身于富国强兵的最高宗旨，也是一种国家维新开化的个体隐喻。

在棒球刚被引入日本时，就被打上了"文明开化"的标签，以至于最先在青年学生中流行。当棒球被成功"日本化"后，这项来自美国的舶来运动又被赋予了传承所谓"日本精神"的功用，并被赋予民族主义的象征意义。1896年，日本第一高等学校棒球队连续三场比赛击败了横滨的外侨球队。时任校长就曾表示："今日的胜利不只是我校的胜利，更是我国的胜利。"[4]

而当日本面对朝鲜、中国台湾这样的殖民地，又或是中国东北这样强占的地区时，"棒球"又成了现代化与所谓日本精神的象征，既可以维系当地日本移民与本土之间文化情感的联系，又可以将之外化为某种帝国的对外象征。英国在印巴等殖民地推广板球运动时，也有与之类似的过程：通过有意识地在殖民地普及板球运动，将之变为改善殖民地与宗主国间关系的

△ 《朝日新闻》对大连商业比赛的详细报道

资料来源：『朝日新聞』、1926 年 8 月 15 日夕刊 1 面。

▽ 1926 年 8 月甲子园比的比赛现场

资料来源：『朝日新聞』、1926 年 8 月 16 日朝刊 1 面。

"纽带",进而发挥文化整合的作用。在日本的例子中,棒球则是现代化与所谓"日本精神"的象征,一方面可以教导殖民地民众"知礼守序",另一方面则可借此强化日本武士道传统的忠勇牺牲精神,发挥"同化"效果。

不过,学生棒球在前述三地的发展过程仍存有不少差异,日本统治当局的态度也各有不同。在中国东北地区,参与棒球运动的学校皆为日本人学校,球队成员几乎都是日本人,因此并不会出现不同族裔之间的竞争或冲突。相较而言,在朝鲜以及中国台湾地区,殖民当局所面临的情况则更复杂。

○ 殖民地棒球还是民族棒球?

早在 1916 年 3 月,《朝日新闻》朝鲜版便曾计划举办朝鲜地区棒球大会,将其作为全国大会的预赛。结果,却被朝鲜总督府临时喊停。负责殖民地朝鲜教育行政事务的总督府学务局发出了"暂缓使用学校名称参加竞技运动"的指示,认为"过渡时期的朝鲜不适合开展学生棒球竞技运动"。当时负责全国大会运营的《朝日新闻》记者中尾济分析过该决策深层次的理由,指出:"先不说棒球,只要是会引发日本人(内地人)和朝鲜

朝鲜、中国东北华北地区、中国台湾地区学校球队夏季甲子园出赛情况统计

	校名	出场次数	胜败场数	最好成绩
朝鲜	京城中学	5	2—5	8强
	仁川商业	3	1—3	
	平壤中学	3	0—3	
	京城商业	1	1—1	
	徽文高普	1	1—1	
	釜山中学	1	1—1	
	大邱商业	1	1—1	
	善邻商业	1	0—1	
	龙山中学	1	0—1	
	新义州商	1	0—1	
中国东北华北地区	大连商业	12	12—12	亚军
	青岛中学	4	0—4	
	天津商业	2	0—2	
	南满工业	1	0—1	
	奉天商业	1	0—1	
中国台湾地区	嘉义农林	4（+1）	5—5	亚军
	台北一中	4（+2）	4—7	4强
	嘉义中学	2	1—2	8强
	台北工业	4	1—3	8强
	台北商业	4	1—4	

注：（+）表示该校获得出赛资格，但未出赛。

△ 朝鲜、中国东北华北、中国台湾地区学校球队夏季甲子园出赛情况统计

▽ 在甲子园博物馆的校名墙上仍保留着所谓"外地"高校的出赛记录（作者摄）

昭和风、平成雨

人之间争夺胜负的事，从统治的角度来考量，多少都会招来不好的麻烦。学务局当时的考量大致如此。而通过棒球来促进族群融合为时过早，因此有如此结局。"换言之，总督府担心体育竞技反而会引发朝鲜人的对抗心理。[5] 不过，总督府临时喊停的行为，多少还是引发了朝鲜舆论的纷扰，言论如"就棒球之利弊，吾人既经深入研究，然总督府谓闻之无要""在朝鲜之地单纯运动竞技尚且如此应对，最遗憾之事云云"纷纷见诸报端。

三年后，反抗日本殖民统治的"三一运动"席卷朝鲜。"三一运动"发端于 1919 年初。1 月 22 日凌晨，被迫退位多年、被降为"李太王"的高宗突感不适暴毙，终年 68 岁。日本驻朝鲜总督府称其死因为脑溢血，而世人皆持怀疑态度，坊间传说是因为高宗谋划秘密遣使参加巴黎和会谋求复国、摆脱日本殖民统治而遭日本当局毒杀。2 月后，大批在日的韩国留学生多次公开集会，发表演说、散发传单，主张韩国也有权依照巴黎和会的精神来践行"民族自决"的主张。高宗暴毙后，根据朝鲜总督府的安排，定于 3 月 3 日举行葬礼。于是，自 2 月后，大量民众从半岛各地涌向京城（现首尔），而主张抗日复国的各方人士也开始加紧准备。3 月 1 日午后，以天道教、佛教、基督教为主的"民族代表 33 人"在京城塔洞公开集会发表宣言，号召反抗日本殖民统治，集体三呼"万岁"并组织数以万计的民众向停放高宗灵柩的德寿宫游行。此后，不断有大量群众加入到游行示威的队伍，到下午3时参加游行示威的群众已达30万人之多。除京城外，各地同时爆发了一系列反抗日本殖民统治的游行示威活动，一时间要求摆脱日本殖民统治的风潮席卷了整个半岛。根据事后统计，自3月至5月间，整场运动的参与人数达到205万人，各类反日抗议示威活动超过1500起。

"三一运动"在日本政坛确实激起了极大风波。日本当局并未料想到在吞并韩国近十年后，还会爆发一场胜过1918年"米骚动"的反日抗争运动。之后，日本当局对朝政策开始从"武断统治"转向所谓"文化统治"。1921年7月，日本所谓的第七届全国中等学校优胜棒球大会朝鲜大会终于得以举行。不过，朝鲜大会的比赛有了不少特别的规定，例如："禁止拍手以外的加油方式，仅限使用正式的应援歌曲。"而总督府对比赛的态度则是"既不反对也不鼓励"。这一年釜山商中学获得朝鲜大会优胜并赴日参加"全国大会"。不过，参赛球队里大部分也都是日本人。这个情况到了1923年，开始有所改变。学生棒球也随之开始从"殖民地棒球"转向"民族棒球"。[6]

那年第一次出场的徽文高普成了那一届的黑马。球队教练朴锡胤小学毕业后，赴日本留学，曾在币原喜重郎的母校——三高当过投手。自东京大学毕业后，返回朝鲜，就职于京城私立名校——徽文高普，并兼职棒球队教练。1923年的朝鲜大会共有8校参加，徽文高普棒球队全员均为朝鲜人，其余7校棒球队则几乎都是日本人，徽文高普击败仁川商和龙山中进入决赛，并在决赛中以10:1的大比分击败了前年的冠军京城商。《朝日新闻》曾如此报道："徽文高普在万余人的狂热同胞的簇拥之下，高举优胜大旗在京城市内散步。"参加全国大会时，朴锡胤亦表示："不论胜负，都要在内地百万观众面前充分展现朝鲜青年的男儿风采。"

巧合的是，在随后举行的日本所谓"全国大会"上，徽文高普在第一轮就碰上了代表"满洲"的大连商业。尽管大连商业的队员几乎全是日本人，但球场上依旧有应援团唱中文应援曲，而旅居关西的朝鲜人则用朝鲜语回应，场面火爆。徽文高普虽击败了大连商业，但在此轮惜败于京都立命馆中学。《朝日新闻》称赞其"健斗""善战"，"切望今后益当磨炼技艺，明年再返大会一雪今日之恨"。

然而，之后数年的徽文高普却一蹶不振，再无1923年的活跃表现。1924年，朝鲜部分学校兴起新一轮罢课抗争运动，徽文高普亦是包括在内。徽文高普有四五十名学生因此遭处分乃至被警察逮捕，其中大部分都是棒球队的主力。至1928年，朝鲜全国各式各样的罢课运动多达404起，总督府称其为三一独立运动以来"民族主义思想广泛传播"的结果。

1924 年的朝鲜大会，虽然徽文高普根本就未报名参加，但还是有另一支朝鲜人组成的学校球队——培才高等普通学校，顺利杀入了决赛。在决赛中，对战传统强队、日本人为主的京城中学。决赛时，大批军警现场戒备，战至第 8 局京城中学 6 比 4 领先 2 分，但培才却在第 9 局出人意料地宣布放弃比赛，京城中学夺冠。赛后，各方议论纷纷，不少人认为"培才因不公平裁判宣布比赛弃权并退场"。[7]

之后数年间，主要由朝鲜人组成的学校球队越来越多。至 1929 年时，参加朝鲜大会的 24 支球队中，朝鲜人球队已有 5 支。同年秋天，光州爆发了中学生抗日斗争，运动很快又波及京城，光州普高、徽文高普、培材高普这些朝鲜当地的棒球名校都积极响应。最终，朝鲜全境共有 194 所学校约 6 万学生参与运动，共有 1642 人遭日本当局检举。

1921 年至 1940 年间的 20 次朝鲜甲子园大会，纯朝鲜人队伍共有 3 次打入决赛，然而挺进全国大会的只有徽文高普的那一次而已。二战后，直到 1960 年韩国高中棒球队才首次访日，1962 年大阪府选拔棒球队访问韩国。

△ 1923年8月徽文高普棒球队在甲子园的合影

○ "沐浴皇化"的"理番工具"

相较朝鲜和中国东北地区，中国台湾地区学校球队参与"甲子园"的历史反而较晚。虽然台湾棒球协会早在1915年便已成立，但当时的参与者同样都是日本人，也只是将棒球视为日本人独有的消遣。在相当长一时间内，棒球运动给了在台日本人展现所谓"民族优越感"的机会。

直到20世纪20年代，在台湾总督府支持下台湾体育协会才得以成立，而其宗旨则是通过推广体育运动来促进所谓"内台亲善"。棒球作为当时日本国内最流行、也最"日本化"的运动项目，自然被视为在各殖民地推行"同化政策""皇民化政策"的最佳手段。犹如当时日本舆论呼吁的那样：

> 随着台湾教育令的发布，成立了不少中等高校和专门学校，实为令人高兴之事。这些新设学校必应重视体育运动……有必要鼓励这些学生们去从事运动。与其不厌其烦地高喊"同化"，不如不知不觉中向他们灌输身为日本人该有的精神……让他们成立棒球队、网球队，内地人和本岛人都加入这些团体，一起在太阳之下、大地之上从事运动，岂不是很愉快、很有趣且有益的事情吗？[8]

1921 年，台湾岛内出现了第一支完全由原住少数民族组成的棒球队——高砂棒球队（后改称"能高团"），而在背后给予支持、赞助的是日本殖民当局官员和商界人士。当时支持成立球队的花莲厅长江口三郎就说过："教'生番'打球确实是一件令人惊讶的事情。但'生番'也是人，况且也沐化皇恩、接受教育"，"我是为了要来矫正他们与生俱来的凶暴血统……让世人知道，对于'生番'的教化已有了实际成效"。在这种语境中，棒球被视为统治者的文化，象征着所谓"皇民化"的成功。[9]

　　　　　　　　　　　昭和风、平成雨

1925 年后，来自中国台湾地区的球队，开始出现在甲子园大会的棒球舞台上。来自台湾的高中球队能去参加甲子园大会，这个过程就自然被赋予了强烈的政治色彩，亦被日本人视为台湾真正成为"大日本帝国"版图一部分的"明证"。因为在此之前，从朝鲜半岛到中国东北都有日本人球队参加过甲子园大赛，独缺台湾。不过，正如朝鲜、中国东北的情况一样，最初参与台湾学生棒球者几乎也都是当地日本人。直到 1931 年来自台湾南部的嘉义农林学校棒球队的出现，才改变了这个局面。

1931 年，来自台湾南部的嘉义农林学校棒球队成为当年夏季甲子园大会的最大黑马，一举夺得亚军。这一年夏天，第 17 届夏季甲子园大会的决赛组合是当年的春季大会亚军中京商（爱知县）对战来自日本海外殖民地台湾代表嘉义农林。嘉义农林的队伍由汉族、日本人和高山族"三民族混成"，并在台湾地区大会打破日本人学校队伍长年垄断夺得冠军。嘉义农林初次亮相甲子园就能一路过关斩将，表现堪称惊艳。虽然是殖民地代表，打到决赛时反而有大量日本民众"路转粉"为嘉义农林真心诚意地摇旗呐喊。决赛中，两队力战，最终中京商 4 比 0 胜出夺冠。但屈居亚军的嘉义农林仍然赢得日本主流社会认可，留下"天下嘉农"的美誉。此役是台湾地区作为海外殖民地参与日本甲子园大会所取得的最好成绩，也大大刺激了台湾棒球运动的发展。[10]

常被后人所忽视的是，就在嘉农棒球队在甲子园大放异彩仅仅一年之前，刚爆发了震惊世人的雾社事件。雾社事件对日本殖民当局刺激甚大，也使其对长久以来"理番"政策的效果产生了动摇。在此背景下，嘉农棒球队在甲子园的异军突起，则成了殖民政策宣传的最佳工具。由于阵中成员有日本人、台湾汉人与少数民族三族群，因此其成就被视为所谓"三民族合作"。结果，被日本官方视为帝国版图内"民族融合"的最佳典型与"内台融合"的例证，也成为了"皇民化"道路上具有里程碑意义的重大事件而被大肆宣传。以日本当局统御台湾期间所采取的同化政策而言，嘉农无疑是殖民地统治的"成果典范"。之后，殖民当局甚至将棒球运动视为"理番"的重要手段，因为积极推广棒球运动，能刺激原住民孩童到学校的出席率，同时也能在球场上普及"日本精神与价值观"，所谓"野球已经成为今日理番的重要一环"。

○ 军国阴影下的甲子园

1937 年中日战争全面升级后，国家主义、民粹主义对甲子园的异化进一步加剧着。

△ 《朝日新闻》对嘉义农林赛况的报道

资料来源：『朝日新聞』、1931 年 8 月 19 日朝刊 3 面。

▽ 嘉农棒球队的队员：福岛又男（日本人）、苏正生（汉族）、罗保农（高山族）

自 1925 年后，甲子园大会迈入黄金期。虽然昭和初年，日本正经历内外动荡的腥风血雨，但甲子园球场上热斗却总在继续上演着。即便是 1937 年卢沟桥事变爆发后，甲子园大会依旧一切如常，唯一的变化似乎只是文部省在次年接管了大会的主办权。然而，此时的甲子园已经不再是学生竞技的"道场"，而成了战时日本的"军训场"，"武士道""为国效忠"成了比赛的主题词。1938 年夏季甲子园大会的开幕式上，来自静冈县挂川中学的投手村松代表全体选手作宣誓发言，喊出了贯彻"武士道精神"的口号。6 年后，这位甲子园少年则是作为日军的一员殒命于太平洋战场。[11]

1940 年大会成为日本占领下的朝鲜及中国东北、台湾地区代表最后一次参加甲子园大会。1941 年 7 月太平洋战争前夕，因军事演习日本全国实行大规模交通管制，选手无法前往比赛场地让夏季甲子园成为泡影。次年的甲子园大会变成了所谓"大日本学徒体育振兴大会"的一部分。不奏校歌，改奏军乐。棒球制服上的校名禁用罗马字，改用汉字。棒球少年们齐刷刷穿上军服扛起步枪在甲子园球场里来回奔跑，投手则改扔手榴弹来模拟各种战斗场景。随后的 1941 年至 1945 年的岁月，则成为甲子园百年历史上唯一的空白期。

1941 年文部省成立体育局，"中止甲子园大会"是首任局长小笠原道生上任不到半年时下达的一道行政命令。实际上，小笠原本人高中时就曾作为选手参加过1915、1916年的第一、第二届全国中等学校棒球大会，那是甲子园球场还未建成的时代。他向来认为，主张以教化目的开展棒球运动，强调甲子园大会的"武士道"精神。因为在他看来，这是在咖啡厅、舞厅、电影院、麻将馆遭到封禁的大环境下，为体育争取最后的生存空间所能做的唯一努力。然而，他最终仍不得不在战争的大环境下下令中止甲子园大会。1943年，他在给朝日新闻社出版的《全国中等学校优胜野球大会史》寄稿中写道："我比任何人都更感到惋惜。甲子园大会的精神将会由新的大会代代继承下去。"

伴随着赛事的中断，大量学生球员被征召送上前线。1943年后，由于兵源不足，日本当局开始征召学生入伍即所谓"生徒出阵"。20世纪30年代甲子园黄金时代的明星球员楠本保、中田武雄、松井荣造以及曾在日本职业棒球界大放异彩的泽村荣治都相继被征入伍，派往中国及南方战场并丧命异乡。又如在冲绳战役期间，大量14岁到17岁的中学生们被动员以"志愿"的名义组织成"铁血勤皇队"等民兵组织投入与美军的作战。整个冲绳县中学生应参战死亡2000余人，仅曾经的春甲冠军队冲绳水产就有66名师生参战身亡。著名作家横山秀夫的小说《没有出口的海》中，主角就是一位甲子园的优胜投手，但在战争

△ 1938年夏季甲子园大会开幕式上，来自静冈县挂川中学的投手村松代表全体选手宣誓。

昭和风、平成雨

爆发后被迫成为了一名自杀特攻武器"回天鱼雷"的操作员。2006年，小说曾被改编为同名电影。

时间回拨到1926年，对棒球一窍不通的首相若槻礼次郎在两个月后的10月22日又出现在新建成的东京明治神宫球场，陪同当时的皇太子——即将在同年12月成为昭和天皇的裕仁——出席了落成典礼，在场的还包括皇太子的弟弟秩父宫。两天后，东京六大学棒球秋季联赛首次在神宫球场开打。

也是在这一年，驻扎奉天、负责南满铁路防卫的独立守备队第2大队中队长东宫铁男开始思考彻底解决所谓"满蒙问题"的"良策"。两年后，他与关东军参谋河本大作一同策划了震惊中外的"皇姑屯事件"。九一八事变后，东宫铁男成了伪满洲国的军政顾问，开始组织实施所谓"满蒙开拓移民"，计划的移民规模超过百万人。

在1958年举行的第40届夏季甲子园大会上，来自德岛县的王牌投手板东英二不仅协助球队夺下了冠军，更在此次大会上创下总共夺取83个三振的空前记录。整整18年前，这位甲子园少年出生于黑龙江虎林市，他的父母便是之前满蒙开拓移民。而在那一年的甲子园大会上，板东英二也因此被舆论和观众唤为"满洲引扬者"（即来自满洲的归国移民）。

△ **泽村荣治**（1917—1944），日本战前最伟大的投手，曾作为日本队投手迎战过美国职棒大联盟的访日联队，高超的球技让包括贝比·鲁斯在内的美国球星刮目相看。1944年，他同样被陆军征召入伍并派往菲律宾。同年12月2日，其所搭乘的运兵船被美军潜艇击沉，死时年仅27岁。一代投手，也成为了军国主义的牺牲品。战后，日本职棒联盟为纪念泽村荣治，设立"泽村赏"，颁发给每年的联盟最佳投手。

◎ **本章尾注**

1 『朝日新聞』、1926 年 8 月 15 日夕刊 1 面。

2 川西玲子『戦前外地の高校野球：台湾・朝鮮・満州に花開いた球児たちの夢』、彩流社、2014 年、90—94 頁。

3 高嶋航「満洲における日中スポーツ交流 (1906-1932)：すれちがう 親善」、『京都大學文學部研究紀要』、第 57 号。

4 川西玲子『戦前外地の高校野球：台湾・朝鮮・満州に花開いた球児たちの夢』、彩流社、2014 年、74—75 頁。

5 小野容照『帝国日本と朝鮮野 - 憧憬とナショナリズムの隘路』、中央公論新社、2017 年、137—138 頁。

6 小野容照『帝国日本と朝鮮野 - 憧憬とナショナリズムの隘路』、中央公論新社、2017 年、187—189 頁。

7 小野容照『帝国日本と朝鮮野 - 憧憬とナショナリズムの隘路』、中央公論新社、2017 年、204—205 頁。

8 谢仕渊：《帝国的体育运动与殖民地的现代性：日治时期台湾棒球运动研究》（博士论文），（中国台湾）台湾师范大学历史学系，2011 年。

9 谢仕渊：《帝国的体育运动与殖民地的现代性：日治时期台湾棒球运动研究》（博士论文），（中国台湾）台湾师范大学历史学系，2011 年。

10 川西玲子『戦前外地の高校野球：台湾・朝鮮・満州に花開いた球児たちの夢』、彩流社、2014 年、95—98 頁。

11 川西玲子『戦前外地の高校野球：台湾・朝鮮・満州に花開いた球児たちの夢』、彩流社、2014 年、179—183 頁。

△　日本邮政为纪念"甲子园 100 年"特别发行的纪念邮票

◇

甲子园百年

○ 学生棒球的缘起

2018 年 8 月 21 日，第 100 届日本全国高等学校棒球选手权纪念大赛，也就是俗称的"夏季甲子园大会"，在阪神甲子园球场正式落幕。在当天的决赛中，"平成豪强"大阪桐荫以大比分轻松战胜了身疲力竭的"杂草军团"、来自秋田县的金足农。上一次有秋田县学校球队杀入夏季甲子园大会的决赛，还得追溯到整整 103 年前的第一届大会。在 1915 年的决赛中，京都二中战胜秋田中学获得了首届冠军。

在日本，每年夏天最火热的时节无疑是属于甲子园的。用美国的资深日本文化研究者罗伯特·怀特宁（Robert Whiting）

的话来说："这项由朝日新闻社赞助的赛事，因其漫长而特殊的传统成为了日本人心中每年盛夏都会奏响的狂想曲。"[1]

从 6 月下旬到 8 月下旬，全日本从南到北 47 个都道府县超过 4000 所高中都会参与一年一度的夏季甲子园大会。大会采取单败淘汰赛制，输一场比赛就意味着淘汰出局。大会分为地区大会（地区预选）与全国大会两个阶段。到了每年最滚烫的 8 月，全国大会就在兵库县西宫市的阪神甲子园棒球场举行。各地区大会的冠军代表汇聚在同一片球场上，在为期两周的时间内不间断地一一捉对厮杀，直到最后只剩下一支球队，登上甲子园荣耀的巅峰。而冠军的奖赏，仅仅是一面优胜旗帜——"深红色的大会旗"。

尽管如此，本垒打世界纪录保持者、祖籍浙江青田的华裔棒球名宿王贞治依旧将甲子园视为他棒球生涯最重要的经历："能够连续四季在甲子园比赛出场，对于一个打棒球的人来说，那是再幸福不过的了。"退役后，王贞治还记得父亲在甲子园赛前如何用中国老家偏方为他治疗受伤手指。[2]王贞治在东京读卖巨人队的队友、另一位传奇球星长岛茂雄在学生时代曾错过甲子园，多年后仍不无遗憾："参加甲子园大会是历史性一页。它让所有的人们心中的一切都随之熊熊燃烧起来。对我来说，没能在甲子园出场，眼看着机会溜走，实在是非常遗憾呢！

昭和风、平成雨

《朝日新闻》对王贞治在春季甲子园大赛上表现的报道
资料来源:『朝日新闻』、1957年4月7日朝刊、12版。

每每想起……我要是能去甲子园,那该多好啊!"

在美国,棒球运动自诞生起便被视为一种以赚钱为目的的职业体育。美国职业棒球的历史几乎就是棒球运动的发展史。而当这项运动传入日本后,却走上了另一条截然不同的发展道路。棒球在日本的普及兴盛,与明治维新及日本国家近现代化运动有着密切的关联。在全盘西化、开化革新的国策驱动下,日本开始推进全国平等的国民教育,而日本棒球的兴盛一开始

△ 在 22 年的职业球员生涯（1959—1980）中，王贞治一共击出了 868 支全垒打，创造了"前无古人、后难有来者"的世界纪录，帮助东京读卖巨人队连续 9 年夺下日本职棒冠军。1977 年他荣获首届日本国民荣誉奖，时任首相福田赳夫亲自为其颁发。迄今仍是第一位，也是唯一一位非日本国籍得奖者。1980 年退役后，巨人队将他的 1 号球衣永久退役。之后，王贞治开始了自己的教练生涯，同样普率队拿到过日本冠军。2006 年，他甚至以 66 岁高龄成为日本棒球国家队主教练，带领日本队力压美国、古巴夺得了第一届世界棒球经典赛的冠军。

就是从"学生棒球"领域发端的。被视为精英摇篮的旧制第一高等学校、早稻田大学、庆应大学、东京大学等院校，便是日本早期棒球运动发展最快的地方。而学生棒球中最著名的对抗战要数早稻田大学和庆应义塾之间的传统战——早庆战。

1903 年 11 月，早稻田大学棒球部向庆应义塾大学棒球部发出棒球赛挑战书，两校在 11 月 21 日开展了史上第一届对抗战——比赛最终以早大 11∶9 获胜。但两校间的棒球赛却固定成为一种传统并延续至今。早庆战的影响力不仅限于两校学生，在日本社会也有极高人气，后来又延伸出"东京六大学棒球联盟"等赛事。

如果说，"早庆战"是日本学生棒球的开端，那么"一高棒球"可以说是日式棒球的"精神起源"。旧制第一高等学校是当时精英青年最集中的学校。在一高精英化的氛围中，棒球运动从最初单纯的体育娱乐运动逐渐被转化为某种取代传统武士修行的精神及体能锻炼方式。例如"一高棒球"刻意强调"胜利至上主义""精神主义"和"猛练习"，提倡一切以学校荣誉为重，甚至提倡取消休息日，全部时间用于训练。这种棒球风格随着一高学生毕业后走向明治日本各行各业的顶端而开枝散叶，最终形成了与美国棒球截然不同的日式棒球风格。

△ 2018 年 10 月在神宫球场举行的"平成最后的早庆战"（作者摄）

◯ 甲子园的黄金时代

1915 年 7 月 1 日，大阪《朝日新闻》的报纸上发表了一则告示，宣布将主办全国性的学生棒球比赛："全国优胜棒球大会，将于八月在丰中举行"，提出"棒球传入我国时日虽短却已有今日之隆盛……然而却未见有全国大会可供全国代表之健儿汇聚一地倾力竞赛妙技"。

适值日本大正时期，第一次世界大战仍在欧洲如火如荼。战争带来的经济刺激推动日本社会万业景气，民众有余力去关注文体娱乐。棒球运动经过多年积淀，在日本民间风气日盛。主要大学、旧制中学以及地方性自治组织均有各类棒球组织和民间赛事。唯独缺一项全国性的棒球赛事，而《朝日新闻》正是看准了这个契机。

1915 年 8 月 18 日，大阪丰中球场，由朝日新闻社主办的第一届全国中等学校优胜野球大会召开。开幕式上，身穿日本传统礼服羽织，头戴礼帽的《朝日新闻》社长村山龙平站上投手板，投出第一球，正式开启了日本高中棒球大会的百年历史。首届大会通过各种途径募集球队，共有 73 所学校参加，最后有 10 所学校打入全国大会，最终冠军是京都二中。此后，日本高中棒球大会成为朝日新闻社每年固定赛事持续举办，规模也一

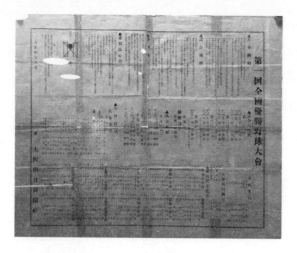

△ 甲子园博物馆收藏的第一届大会告示（作者摄）

年比一年壮大。

从 1917 年第三届全国中等学校优胜野球大会开始，主赛场搬迁到了大阪临近的兵库县西宫市的鸣尾球场。大会共在鸣尾球场举办了 7 届（第 3 届至第 9 届），出场学校球队从 12 支扩充到 19 支，次年大会迁移至鸣尾球场。然而 1918 年 8 月 16 日，朝日新闻社却正式宣布原定于 8 月 14 日开幕的"全国中等学校优胜野球大会"在延期两日后，最终不得不宣布取消。在这项日后被称为"甲子园"的日本体育盛事的百年历史上，实属罕见。

昭和风、平成雨

除了因太平洋战争曾停办四届外，1918年这次是唯——次因故取消的大会。● 而取消的理由是当时在日本各地愈演愈烈的"米骚动"。第一次世界大战末期，在经过"战争景气"的高速发展后，日本迎来了急剧恶化的通货膨胀，米价随之水涨船高。执政的寺内正毅内阁却将大部分注意力聚焦于武装干涉苏俄革命的"西伯利亚出兵行动"上，非但未能及时干预市场，相反却大量抢购大米充作远征的军粮。这种火上浇油的行为，无异于引爆了各阶层积累已久的社会矛盾。贫苦群众的请愿抗议最先发端于富山县鱼津附近的渔村，不出数日就演变成激烈的暴动，不仅向周边地区蔓延，还在全国各地激起无数响应者。到了8月中下旬，"米骚动"已波及包括东京、大阪在内的1道3府37县，全国参与者规模上百万人。受其影响，第四届全国中等学校优胜野球大会不得不中止。

时间到了1924年的春天，日本另一家知名新闻媒体每日新闻社推出"全国选拔中等学校棒球大会"，叫板竞争对手《朝日新闻》。由于赛事时间设定在3月下旬，所以后来被称为"春季甲子园大会"（春甲）。春甲采取了与夏季大会截然不同的"选

● 编者注：受"新冠"疫情影响，2020年"夏季甲子园大会"中止。这是战后大会首次中止。

拔"赛制，即设立专门考核委员会，综合各类指标评定出各地区的学校代表。一般而言，春季大会的影响力略输夏季大会，但赛制上更注重地区平等，一定程度上弥补了夏季大会淘汰赛制容易产生的地区实力分化问题。

1924 年 8 月 1 日，朝日新闻社与阪神电铁共同建设的西宫市新球场正式建成，可容纳 5 万人的新球场是日本历史最悠久的大规模多功能棒球场。因为这一年正好是"甲子年"，球场因此被命名为"甲子园大运动场"。同年第 10 届日本高中棒球的全国大会正式迁移到甲子园举办，开启了真正意义上的日本高校棒球大会的"甲子园时代"。春、夏两季高中棒球全国大会于次年均移至甲子园球场进行，甲子园大会延续至今的赛事格局基本定型。

1926 年以降，日本步入漫长的昭和时代。汇集了春夏两届大会的甲子园迎来了战前时代高速发展期。

首先，甲子园参赛校不断增加，春季甲子园大会从最初的 8 校增加到了 20 校，夏季大会第 10 届春甲（1933 年）更是一下子增加到 32 校。地方参赛校从鸣尾球场时期的 243 所增长到了 600 余所。甚至日本在对外侵略战争中夺取的海外殖民地如朝鲜、中国东北及中国台湾地区的学校球队亦有代表连续参赛。至 20 世纪 30 年代末，大会参赛校最多时达到 675 所之多。

兴旺的人气让甲子园球场老东家阪神电铁专门新增了一座常设车站——甲子园站。

1926年夏季甲子园正逢盂兰盆节，甲子园三万多座席几乎天天都是全部满员。这届比赛，还开始发售比赛期间的"七日通票"，票价5日元，开创了中学体育比赛收费入场的先例。一时间，甲子园门票成了日本国内最热门的商品。上至达官显贵、下至贩夫走卒，都要为了一张门票绞尽脑汁。每天，都有千余名观众从凌晨起就蹲守在甲子园球场外，等着有机会买到退票。其间，大阪丸红商社的第二代社长伊藤忠兵卫不慎遗失了"七日通票"。等到了球场，发现早已停止售票。狼狈的伊藤忠社长托了阪神电铁社长的关系，冒充现场工人的工头，才得以混进球场观赛。三年后，甲子园建成刚满5年时，外野看台经过增设改建，又新添了8千个座位。

此外，为满足大量无法现场观赛球迷的需求。在1926年这一届大会期间，朝日新闻社在大阪的中之岛公园和京都的圆山公园设置了大型速报器，通过电话将赛场内的实况还原在速报板上。投出曲线球时，速报板上的球以曲线运动；球很久没有移动，说明"投手在紧张思考"，极有临场感的"直播"，能聚集数千至一万名观众。次年，甲子园球场首次通过广播转播了比赛实况。这也是日本第一次棒球比赛的广播转播。

甲子园战前最好的时光大概就是这时了。自 1930 年（昭和 5 年），第一神港商击败传统强校松山商，实现了春季甲子园大会史上第一个"春连霸"（春季甲子园大会二连冠）；同年夏天，广岛县代表队广岛商击败长野县代表诹访蚕糸，实现了夏季甲子园大会史上第二次"夏连霸"（夏季甲子园大会二连冠）；次年的 1931 年又一口气拿下了春季大会冠军，成为甲子园大会史上第一所达成"夏春连霸"成就的学校。

1931 年夏天，中京商在夏甲决赛中击败了来自中国台湾地区由汉族、日本人和高山族"三民族混成"的嘉义农林，夺取了冠军。之后，又在 1932 年、1933 年夏季大会上连续夺冠，创造了日本甲子园大会上迄今为止唯一的"夏三连霸"记录。

但是，在甲子园黄金时代的背后，始终笼罩着战争的阴影。太平洋战争正式爆发后，日本文部省在 1941 年 7 月下令全国体育竞技比赛一律中止。一直到战后的 1946 年，甲子园大会才得以恢复。1945 年的夏天，依旧是没有甲子园的夏天。8 月 15 日，日本宣布无条件投降。如今每年的这一天，激战正酣的甲子园球场都会在正午拉响全场起立默祷的警报。

在无条件投降整整一年后的 1946 年 8 月 15 日，中断 5 年之久的夏季甲子园全国大会再度举行。共有 19 所来自全国各地的学校参加了本届比赛。之所以能在战争结束后如此短时间内

△ 1925 年夏季甲子园大会的开幕式

资料来源：『朝日新闻』，http://www.asahi.com/sports/koshien/100years/history。

▽ 现今的甲子园球场（作者摄）

△　1926 年甲子园比赛速报器

资料来源：『朝日新聞』，http://www.asahi.com/sports/koshien
/100years/history。

重开甲子园大会，自然离不开来自当时 GHQ 的幕后支持。在
美国人看来，棒球这一从美国传来，却在日本大为兴盛的运动，
无疑是拉拢日本百姓民心，重建美日关系的绝佳道具。

○　战后复兴之路

1946 年 8 月夏季甲子园的开幕式上，GHQ 代表保罗·拉
什（Paul Rusch）到场致开幕词。战后首届夏季大会冠军被浪华
商摘得。在上一届冠军海草中学手中保管了 7 年之久的深红大

昭和风、平成雨

会旗再度流转到新的主人手中。甲子园大会的重开，让棒球少年们重新找到奋斗的目标，让战败阴影下沮丧的日本人得到一丝慰藉，也有利于 GHQ 对日本社会的管控。1946 年至 1957 年间，算是甲子园的休养整顿阶段。而战后甲子园大会的基本运营体系也在这一时期逐渐确立。

1946 年全国中等学校棒球联盟设立（后来更名全国高等学校棒球联盟），每年春、夏两季分别由每日新闻社、朝日新闻社主办全国大会。1948 年，日本学制改革，春、夏甲子园大会正式更名为现在的名字——"选拔全国高等学校野球大会和全国高等学校野球选手权大会"。1957 年，大会规定了升优胜队伍校旗，唱校歌的传统；至于甲子园大会最著名的习俗之一——"挖土"，则源自 1946 年战后第一届夏季甲子园大会的亚军队伍东京高等师范附属中学校。当时比赛结束后，佐佐木迪夫教练鼓励队员去捧一把土带回去，寓意"明年还要打回来！"时至今日，每一支球队打完在甲子园的最后一战后，队员都要用装棒球手套的口袋装一把"甲子园球场的土"回家。

20 世纪 50 年代后，日本迎来了经济高速增长的复兴期。由于冷战体制，美国对日本的态度由遏制转向"扶持"，又依靠朝鲜战争，日本国内经济连续景气，民众生活水平也不断提高，电视等家用电器开始走进普通人家中。1953 年，NHK 开

△ 捧回甲子园的土已成为必不可少的球场仪式

资料来源：『朝日新聞』，https://vk.sportsbull.jp/koshien/96/gallery_1/20140811_03_08.html。

始了夏季甲子园大会赛事的电视转播。甲子园大会影响力在先前的报纸媒体的基础上再次扩大。

随后的 60 至 70 年代，日本既是"安保斗争"如火如荼的年代，也是经济高速发展的时代，东京奥运会、大阪世博会相继召开，日本人开始重拾信心。甲子园则进入到"连霸"纪录高产，传奇赛事频繁的阶段，这期间著名的赛事有神奈川县代表法政二与大阪府浪商在两年间宿命般的三度对决，又如青森县代表三泽高与著名强校爱媛县代表松山商之战。战前曾达成史上唯一"夏三连霸"和"夏春连霸"纪录的中京商在 1966 年

昭和风、平成雨

20 世纪 50 年代的王贞治作为早稻田实业高中的主将，先后四次参加过甲子园大会，并夺得过春季甲子园大会的冠军。他也成为战后第一代日本国内的棒球巨星。

资料来源：王贞治『野球にときめいて：王贞治、半生を语る』、中央公論新社、2011 年。

又为自己增添了一个"春夏连霸"的新纪录，此后拥有三项连霸纪录的中京商是甲子园历史上"独孤求败"的存在，该记录至今无人能及。

1970 年后，甲子园大会开始采用金属球棒，这使得高中生们更容易打出全垒打，增加了比赛的可看性，也打破了日式棒球比赛中偏重防守的战术传统，一批注重进攻的球队开始脱颖而出。不久后，"猛打快攻"已成为甲子园的主流战术。伴随20 世纪 80 年代泡沫经济的繁荣，来自大阪的 PL 学园异军突起，在日后成为传奇球星的桑田真澄、清源和博等人的带领下，拿下 6 个冠军、2 个亚军。

进入平成时代后，日本经济虽然陷入长期萧条，但甲子园

△ 中国年轻一代对甲子园的印象大多来自日本漫画家安达充的名作《棒球英豪》
（Touch）。女主角浅仓南的画像也被收藏于甲子园博物馆。（作者摄）

▽ 甲子园博物馆中《棒球英豪》长廊（作者摄）

的热潮并未消退，全国范围的竞争更趋激烈，不少边远地区的球队开始崛起。1990年、1991年冲绳县代表冲绳水产历史性地打入夏季大会决赛并取得亚军成绩，1999年冲绳尚学为冲绳赢得了史上首个春季甲子园大会冠军。2010年冲绳县代表兴南高校则一口气实现了"春夏连霸"。除了冲绳以外，北海道和日本东北地区同样在甲子园冠军记录上长期空白。进入21世纪，北海道领先一步，在2004年由南北海道赛区代表驹泽大学苫小牧高等学校夺得了史上第一个甲子园冠军，并且在2005年实现了夏季大会二连霸。

战后，随着电视报纸等大众媒体对甲子园大会赛事报道持续深入，传播方式日趋多样，甲子园大会的报道逐渐从专业体育报道朝着更为大众娱乐化的方向转变。那些从甲子园走出的少年甚至可以成为举国推崇的全民偶像。

在日本"全共斗运动"如火如荼的1968年，甲子园最闪耀的主角是三泽高中的当家投手——太田幸司。而这位身材高大、眉目俊俏的日俄混血球员，日后也被公认为"元祖级甲子园偶像"。这一年，太田幸司带领名不见经传的三泽高中一路杀进总决赛，虽然最终惜败，但太田幸司的球技和明星魅力有目共睹，后来他凭借自身超高人气顺利进入职棒以及演艺界。

太田幸司之后，著名的甲子园偶像级人物如雨后春笋层出

△ "元祖级甲子园偶像" 太田幸司

▽ 目前效力于美国职棒大联盟洛杉矶天使队，"既可投球，又能打击"的大谷翔平被日本舆论界认为是百年一遇的棒球天才。

昭和风、平成雨

不穷，像引领过日本男孩取名"大辅"风潮的荒木大辅、球速惊人的江川卓、"平成怪物"松坂大辅、在甲子园享受过单场五次故意保送"待遇"的松井秀喜、达比修有、田中将大以及最近在日美都红得发紫的"二刀流"选手大谷翔平。2012年，作为高三学生的大谷翔平在夏季甲子园岩手县地区大会上投出了一颗时速160公里的球，创下当时日本高中棒球的最快球速记录。[3]同时，他也是日本职棒最快球速记录（时速165公里）的保持者。学生球员的明星化、偶像化以及相关话题的高度营销，已使甲子园变成了一桩牵动日本全社会的大事件，早就不再是单纯的体育比赛。

○ "高中棒球是教育的一环"

在不少老一辈日本人看来，职业竞技体育与甲子园棒球绝不可相提并论，两者之间泾渭分明。

"高中棒球是教育的一环"这句话是经常被引用的日本高校棒球名言。这个说法最早来自原早稻田大学棒球部教练飞田穗洲。这位日本学生棒球的奠基人曾喊出"一球入魂"的口号，并明确指出："高中棒球是为了对学生进行精神教育的场所，球场是纯粹的精神和道德的教室。这就是高中棒球的本质。"[4]

值得注意的是，此处所说教育之概念，多少承袭自明治天皇1890年颁发的《教育敕语》中"教育"的定义：所谓"教育之要，在于明仁义忠孝"。根据《教育敕语》的要求，学生在学习西方知识的同时应注重自身的道德修养锻炼。强调"克忠克孝、仁爱信义、皇权一系、维护国体、遵宪守法、恭俭律己"的道德观，尤其重视皇国利益高于一切的基本意识。因此《教育敕语》也被视作日本军国主义"教典"之一，常与《军人敕语》并列。日本战败后，《教育敕语》就被麦克阿瑟领导的GHQ在第一时间予以废除。然而，强调德育、强调服从、强调精神力的风气依然可以从甲子园大会中感受到。每年夏天的甲子园已不再是一座棒球场，而成为了日本全国青年进行精神修炼的"道场"。

除了"道场"的意义外，对日本社会大众来说，甲子园大会也是一场类似元旦、盂兰盆节那样的节日祭典。罗伯特·怀特宁在采访甲子园大会时曾听一位日本编辑这么讲道："对生活在都市的日本人来说，甲子园的意义宛如自己的故乡。对他们而言，甲子园是回到一去不返青春岁月的乡愁与钥匙。"[5]

换言之，甲子园承载着整个社会对青春、家乡又或是美好过往时代的回忆与想象。于是，提起甲子园，总是会与纯洁、

　　　　　　　　　　　　　　　　　昭和风、平成雨

青春、热血、礼仪端正等赞美之词联系在一起，甚至形成一种高度模式化的叙述方式。

"甲子园"的精神寄托并不局限于球员，也施加于现场观众。他们同样也是整场节日祭典的一部分。正由于"高中棒球是教育的一环"所以比赛不仅仅是球队之间的事，看台上的观众同样是这一环教育中的参与者，而非心安理得被取悦的旁观者。观众显得过于悠闲，就是对不起球场上正在拼尽全力比赛的运动员。全心全意的应援，才是"精神道场"甲子园看台上的"正道"。于是乎，每一场甲子园大会的比赛，背景声里总是满满的热热闹闹的敲锣打鼓和响彻全场的应援号子，浓烈的青春气息扑面而来，让人听了都会觉得热血沸腾起来。

由于是大会汇聚了全国所有地区的代表，各地都会尽可能地在应援中展现乡土特色。甲子园的应援文化自然而然透露出浓浓的乡土情结，成为维系各地家乡情结的情感纽带。比如冲绳县代表学校的比赛，应援曲风就是浓浓的冲绳音乐风，最出名的冲绳应援曲是经典流行歌曲《咸湿大叔》。即使被大会官方点名说有伤风化限制甲子园应援使用，但轮到冲绳代表上场，看台上照旧吹拉弹唱不止，最后禁令也不了了之；比如鹿儿岛有搬出"维新三杰"的西乡隆盛像加油；还有一些县市的应援还顺便搭载上地方特产，比如冈山县派靓妹代言人身穿广告衫推销当地特产。总之在甲子园的看台上，只有想不到没有做不到。

当然，甲子园梦想阴暗面的弊病也渐渐为人所注意，比如过分强调精神力压倒一切，崇尚斯巴达训练；强调无条件服从教练，低年级无条件服从高年级而导致的体罚泛滥。王贞治就曾回忆50年代时，"一年级新生必须面对面互相打耳光，这就是'互打耳光'的体罚……80个左右的新入社员，大概经过半个月就会减少到一半"。[6]由于一战定胜负的赛制，球队奉行胜利至上主义，过度使用核心球员，罔顾其身体健康。最典型案例就是1991年冲绳水产的当家投手大野伦，在诊断出手肘负伤后仍然被教练要求继续高强度投球，最终被检查出右手手肘剥离性骨折，造成终身受伤痛困扰。在甲子园的传统里，无论是受伤，还是在与强敌对决中失败，都是可以接受，唯独不能接受的就是选择逃避。

1992年夏天的大会二回战，拥有当时明星选手、天才打者松井秀喜的石川县代表队星稜遭遇高知县代表队明德义塾。为了不让强棒松井秀喜有机会轰出全垒打，明德义塾投手在松井五次上场打击时均采取了故意四坏球保送（敬远）战术，而不愿与其正面对决。结果，现场观众被这种消极避战的战术所激怒。向来注重赛场礼仪的日本观众竟然开始朝场内投掷饮料瓶

△　2017 年埼玉县花咲德荣高校在甲子园的应援团

资料来源：http://jin115.com/archives/52229585.html。

△ 1992 年的"松井秀喜五打席敬远事件"成为甲子园历史上最富争议的事件之一。以至于此后 20 年间一直被反复讨论。2018 年第 100 届夏季甲子园大会首日的开球嘉宾就是松井秀喜。

资料来源：中村計『甲子園なんてこなければよかった - 松井秀喜 5 連続敬遠の真実』、新潮文庫、2010 年。

等杂物以示不齿。最终，由于"战术得当"，明德义塾一分险胜。从规则和结果上来说，明德义塾并无不妥。但是，此事件却持续发酵并引发大规模舆论讨论，成为甲子园历史上著名的"松井秀喜五打席敬远事件"。[7]

在甲子园的赛场上，日本社会对比赛精神的重视程度远胜于比赛胜负本身。因为在日本社会的集体认知中，甲子园并不是一项单纯的体育比赛，而是一场日本人对"青春""热血"和"毅力"乃至所谓"日本精神"的朝拜之旅。

◎ **本章尾注**

1 Robert Whiting, *You Gotta Have Wa*, Vintage Books, 2009, pp.238-240.

2 王贞治：《世界棒球王的回忆》，宋丽红、王晨译，人民体育出版社，1986 年，第 178 页。

3 「花巻東大谷高校生最速 160 キロ」、「日刊スポーツ」，https://www.nikkansports.com/baseball/highschool/news/p-bb-tp3-20120720-986333.html。

4 飛田穂洲『熱球三十年—草創期の日本野球史』、中央公論新社、2005 年。

5 Robert Whiting, *You Gotta Have Wa*, Vintage Books, 2009, p.239-262.

6 王貞治『野球にときめいて：王貞治、半生を語る』、中央公論新社、2011 年、53 頁。

7 中村計『甲子園なんてこなければよかった - 松井秀喜 5 連続敬遠の真実』、新潮文庫、2010 年。

△ 村上春树书房中的棒球明星玩偶：青木宣亲与弗拉迪米尔·巴伦汀

作家们的棒球场

○ "野球"之始

1890 年对于近代日本来说，算是一个非常关键的年份。这一年 11 月《大日本帝国宪法》正式颁布施行，标志着自 1868 年明治天皇颁布《五条御誓文》以来的"维新大业"已取得阶段性成果，并将以宪法形式得以巩固。

同一年，从美国传来的棒球运动在日本也终于有了正式日文译名——"野球"。

1872 年，明治维新开始仅 4 年后，棒球就被一位名叫霍雷斯·威尔森（Horace Wilson）的美国人带到了日本。当时，他的身份是东京开成学校的"外教"，课余则会组织学生跟横明治 41 年（1907 年）出版的《明治事物起源》中详细叙述了棒球传入日本的历史。

滨一带的美国人打球。1878 年，留学美国归来的铁道工程师平冈熙组建了日本历史上第一支正式的棒球队——新桥棒球俱乐部。由于棒球是来自美国的"舶来品"，因此也被贴上了代表"文明开化"的标签，被普遍视为一项能代表维新精神的体育运动，进而在青年学生中迅速流行。日本历史最悠久的体育赛事就是早稻田大学与庆应大学一年一度的棒球比赛。这项被称为"早庆战"的对抗赛事，至 2017 年已举办 114 年之久。

关于"野球"这个和制译名的来历，过往都传说出自明治年间著名俳句大家——正冈子规的手笔。据说还在东京大学就读时的正冈子规就将这项自己所钟爱的体育运动取名为"のぼる"（Noboru）。这也是他小名"升"的日语发音，同时也可

昭和风、平成雨

以被理解"の・ボール"，即"野球"，用于指代这种在田野上玩球的运动（Ball in the field）。另一种更严谨的说法则认为正冈子规的同学中马庚在1890年正式就将这项叫作"Baseball"的运动翻译为"野球"。

无论是谁发明了"野球"的译名，正冈子规和中马庚都翻译了大量沿用至今的大量棒球术语，例如"打者""走者""飞球""四球"等，也深深影响了中文里对各类棒球术语的翻译。之后，两人也都入选了日本棒球名人堂。有了正式日文译名后，棒球运动在日本社会的流行范围进一步拓展，不再局限于青年学生和城市新兴阶层，迅速跃升为真正意义上的国民运动。

作为明治时代的文学明星，正冈子规除了创作了大量与棒球有关的俳句外，他还与另一位作家新海非风共同创作了日本文学史上第一部以棒球为主题的小说《一枝棣棠花》（山吹の一枝）。

○ 挥棒的作家们

自正冈子规之后，棒球开始频繁出现在各类日本文艺作品中。著名导演黑泽明写的第一个剧本就是关于棒球的。他的父亲黑泽勇华就是一名致力在校园推广棒球的体育老师。战争时期，黑泽明遗失了这部关于棒球的剧本。尽管如此，他并没有放弃对这项运动的喜好。在电影《野良犬》中，警官为了查找走私贩私的中间人，无意撞上了一场棒球比赛，地点就在后乐园球场，黑泽明父亲曾执教的学校就在那儿附近。在这部电影中，黑泽明用了长达十分钟的镜头来拍摄球场和比赛：场上的球员、卖吃卖喝的小贩、烈日下欢呼的球迷。《生之欲》中也出现过棒球，作为关键道具的球棒成为勾连记忆的媒介。《美好星期天》中，也出现了孩子们在战后的废墟上打球的场景。[1]

在战后复兴的岁月里，棒球似乎也成为了一种日本人的精神寄托。1946年4月创刊的《棒球杂志》曾在发刊词中这样写道：

> 在日本国民中普及广泛的体育运动就是棒球了……有高人曾恰如其分地指出："即使手中无球，只要心中有球，那就是非常美好的事情。"但对于建设新的日本，我们最热切期待的是一个有美好内心的球。同时未来的日本也必须通过体育运动而变得开朗豁达。[2]

至于喜好棒球的日本作家更是数不胜数，既有流行文学畅销书作家如有马赖义、寺内大吉、常盘新平、海老泽泰久、伊

△ 1890 年身穿棒球服，手握球棒的正冈子规。此时的正冈子规已开始咳血，不久后就不得不告别棒球场。

▽ 为纪念正冈子规为日本棒球运动所做的贡献，在上野公园内建有"正冈子规纪念球场"并将其名句"春風やまりを投げたき草の原"（春风啊！我想在这草原上投球！）刻在球场边纪念碑上。（作者摄）

△ 《野良犬》中出现的棒球片段

▽ 正挥棒击球的松本清张

资料来源:「文藝春秋」写真資料部,https://books.bunshun.jp/articles/-/2025。

集院静、重松清等一众直木奖获得者，也有松本清张、丸谷才一、清冈卓行、高桥三千纲、吉目木晴彦等这类拿过芥川奖的严肃文学作家。其中，还有不少作家跟当年的正冈子规一样都下场打过球，例如伊集院静就曾参加过立教大学的棒球部；而被《文艺春秋》称为"日本文坛'长岛茂雄[❶]'"的大作家松本清张，平时最喜好的消遣之一就是打棒球。

在这些作家中，与棒球缘分最深的则无疑是有马赖义。作为旧贵族的后裔，有马赖义起先是同盟通讯社的记者，战后开始尝试流行小说、推理小说的写作，大受市场欢迎并夺得直木奖。二战后，爱好并精通棒球的有马曾担任过成蹊大学棒球部的教练。1958 年，他以当时红火的职业棒球比赛为背景创作了推理名篇《四万名目击者》，讲述一位知名球员在跑垒时暴毙赛场的案件。有马本人因为《四万名目击者》的巨大成功，获颁日本推理作家协会奖。有趣的是，在颁奖仪式前夕，有马却以"我写的是一部棒球小说，而不是推理小说"为理由，拒绝领奖。最后只得由大佬江户川乱步出面斡旋，才把这个奖发到了有马赖义的手上。

---

❶ 长岛茂雄（1936—），东京读卖巨人队的传奇球星，日本棒球历史上最出色的打者之一。1988 年入选日本棒球名人堂，2013 年获颁国民荣誉奖。

△ 由于小说大受欢迎，《四万名目击者》很快就被松竹公司改编为电影。由当红明星冈田茉莉子、佐田启二领衔出演。

　　有马之后，推理小说作家写棒球题材者层出不穷。例如社会派大师横山秀夫曾在《没有出口的海》中描写了二战期间一位极有棒球天赋的学生投手被海军征召入伍，最终坐上自杀特攻武器——回天鱼雷，葬身大海的故事。熟悉日本棒球历史者，都会从这个故事里看到日本职业棒球第一代巨星泽村荣治的影子。1934 年 11 月 11 日，年仅 17 岁的泽村荣治在面对美国职业棒球大联盟全明星队时，曾连续四次三振对手，其中包括棒球史上最著名的打者——贝比·鲁斯。年轻的泽村因此一战成名，随后在 1936 年帮助东京读卖巨人队夺下了日本职业棒球联盟首届冠军，但次年他就被征召送往中国战场，并于 1944 年战死于菲律宾。战后，日本职棒为纪念这位伟大投手，设立了"泽村赏"来奖励每年的最佳投手。其他值得一题的作品，又如岛田庄司的《最后的一球》、东野圭吾的《魔球》、驰星周的《夜光虫》、堂场瞬一的《8 年》《BOSS》以及《误判》等。这些推理作家写的棒球小说未必都是犯罪探案，有不少都是非常纯粹的体育小说。这似乎也是在贯彻有马赖义所留下的奇妙传统——"我写的是一部棒球小说，而不是推理小说"。

除了作家们，另值得一提的是如岩波书店这样的出版社都会组织自己的棒球队。小林勇就记得在他进店前，"岩波书店的店员们就组建了棒球队，岩波为队里买了非常好的棒球器具，我以前都没有见过。很快我就被拉去训练，他们球技很差，由我来担任队里的投手"。[3]

不过，在众多热爱棒球的日本作家中，中国读者最熟悉者当属村上春树了。尽管绝大部分中国读者只晓得他是马拉松长跑的爱好者，又或是诺贝尔文学奖的长期"陪跑员"，但未必清楚他其实是一位非常狂热的棒球球迷。

2015 年初，向来作风低调神秘的村上春树开通了自己的网站"村上家"。村上不仅在这个网站与读者互动以及回答各种稀奇古怪的问题，还曾贴出自己书房的照片。除了炫耀音响

新田恭一『野球の科学－バッティング』、岩波書店、1951 年。

器材与密密麻麻的黑胶唱片外，桌子上两个棒球玩偶格外引人注目，从中不难看出他本人的棒球情结。其中一个是东京养乐多燕子队的球员、曾奋战于美国职业棒球大联盟的外野手青木宣亲[1]；另一位则是燕子队的荷兰裔洋将弗拉迪米尔·巴伦汀（Wladimir Balentien）[2]。

对村上春树来说，东京养乐多燕子队有着极为特殊的意义。

---

[1] 青木宣亲是日本职棒史上打击率最高的球员之一，也是养乐多燕子队史上最伟大球星之一。2012 年至 2017 年间曾转战美国职棒大联盟，分别在 7 支球队效力过。2018 年，重返养乐多燕子队。
[2] 弗拉迪米尔·巴伦汀来自荷属库拉索，早年曾在美国职棒大联盟效力，2010 年加入养乐多燕子队。曾在 2013 年创造单一球季 60 支本垒打的亚洲职棒纪录。

2000 年，村上受某杂志之邀远赴悉尼，采访奥运会。结果直到临行前，他还泡在养乐多燕子队的主场——明治神宫棒球场，兴致勃勃地欣赏燕子队与同城对手读卖巨人队的"德比大战"。直到第 7 局下半，燕子队两分领先后，他才百般不舍地离开球场，赶去机场：

> 巨人与养乐多的对阵一直看到第七局下半局，此时养乐多领先两分，我才百般不舍地（这么说稍稍有些夸张，因为巨人夺冠已成定局）坐进日航 JAL771 航班。[4]

在悉尼观赛期间，身为棒球"老司机"的村上自然也去看了日本棒球国家队的比赛并写了数篇球评，例如 2000 年 9 月 27 日这段：

> 今天的铜牌争夺战就变成了宿敌日本与韩国的对决。打头阵的大约是松坂❶吧。虽说当中只隔着四天，

---

❶ 指著名的日本棒球投手松坂大辅。1980 年出生的松坂大辅在 1998 年的夏季甲子园大赛上一举成名，被称为"平成怪物"。之后，加入职棒，效力于西武狮队。2007 年，前往美国职棒大联盟，先后加入过波士顿红袜、克利夫兰印第安人与纽约大都会。2014 年重返日本职棒。

可这是最后一战了，无法斤斤计较。况且松坂毕竟是中断了国内赛事专程赶来悉尼参赛的，总不至于一场未胜地飞回日本去。这样的话，我算是把松坂先发的三场比赛全都看了。比赛 12 点半在奥林匹克公园球场举行。[5]

在当代爱好棒球的日本作家中，像村上这样特别偏爱某一支球队者并不少见，甚至会在自己的作品中"夹带私货"。例如与村上春树齐名，一同被称为"双村上"的村上龙就曾以 20 世纪 80 年代红极一时的广岛鲤鱼队棒球明星高桥庆彦为背景写过一部小说《跑啊！高桥》，并不惜笔墨把他夸赞了一番：

> 优秀的运动选手仅仅看在眼里就很美，他们的出身、教养、家庭、丑闻、国籍或是意识形态，都会在肉体的光芒下消失无踪。广岛鲤鱼队的高桥庆彦游击手，在日本，即使只是扑向一垒都会被认为很帅，也算是难得一见的职棒选手。个人以为，这不仅是因为他的相貌、运动能力，还因为他能够享受棒球带来的乐趣。[6]

昭和风、平成雨

这本别具一格的小说通过高桥庆彦的比赛将数个独立成章的故事串联在一起，生动描绘了泡沫经济时代日本社会的众生相。而近年大量作品被引荐到中国的伊坂幸太郎，在他的小说《王者》中虚构的"仙醍国王队"，明显就是在影射他定居地仙台的职业棒球队——东北乐天金鹫（東北楽天ゴールデンイーグルス）。[7]

至于村上本人，来自关西的他本该支持历史悠久的阪神虎队才对。根据村上自己的说法，他从小就出于逆反心理不愿去甲子园为虎队加油。以至于步入中年后，村上还要特别声明：虽然年幼时曾加入阪神球迷会，但那完全是被迫的；因为不加入就会被其他小朋友孤立。而他对燕子队的偏爱则可以追溯到他文学生涯肇始的那一刻。

○　**神宫球场的四月午后**

1978 年 4 月 1 日，东京明治神宫球场。

四月的艳阳宣告着日本职业棒球联盟新赛季的开始。下午一点，29 岁的村上春树正慵懒地半躺在外野席，眼前则是养乐多燕子队与广岛鲤鱼队的职业棒球比赛。那年，村上刚刚搬到神宫球场附近。所谓"神宫"得名于附近的"明治神宫"。不过，与威严庄重的名称截然相反，这座球场与隆重、华贵之类的形容词完全搭不上边。若比起东京都内真正豪门巨人队的主场——东京巨蛋球场，神宫球场甚至有些简陋。当时神宫球场的外野席还只是光秃秃的土坡。村上清楚地记得，如果刮风时坐在那儿时常会满嘴沙砾。较之能坐在室内吹着空调看比赛的东京巨蛋球场，当时神宫球场用"风餐露宿"来描述也毫不为过：

跟少年时代同样常去看球的甲子园球场相比，当时的神宫压根儿不像职业棒球赛场。说它是郊外的斗牛场恐怕气氛上更接近。外场看台没有座椅，草皮秃了一半的斜坡一下雨便泥泞一片，风大点的日子里耳孔灌满沙子。不过风和日丽的午后，神宫球场外场看台至少在东半球是最令人心旷神怡的外场看台。手写的记分牌顶端，好几只百无聊赖的乌鸦闲坐不动。春日的阳光下，好奇的孩子们头戴燕子队球帽，在斜坡上翻来滚去玩耍。

我刚满二十九岁，从这年春天开始写小说（般的东西）。写小说（般的东西），有生以来还是头一次。而养乐多燕子队自创立以来从未有过夺冠经验，即将迎来第二十九个赛季。不必说，这两则事实没有任何关联。纯属偶然。[8]

然而，村上或就是因为这份"简陋"和"随意"而爱上了神宫球场，乃至喜欢上了这座球场的"主队"——东京养乐多燕子队（東京ヤクルトスワローズ）。至于"养乐多"的奇怪名号，则来自于日本知名的乳酸菌饮料"养乐多"（Yakult），也是燕子队的出资企业。在村上看来，"神宫是个让人十分快活的球场"。他可以肆意地躺在外野席的草地上，懒洋洋地晒日光浴；又或是一边野餐一边喝啤酒，跟女孩子约会，兴致所至时再瞥比赛两眼，然后再感慨一句"棒球比赛还是应该到球场去看"。[9] 尽管在作为燕子队球迷的大部分时间里，村上春树并无法体会"强队"球迷的快感，但却始终保持去神宫球场观战的习惯，至今依旧是燕子队的铁杆球迷。

在 1978 年 4 月 1 日下午的那场比赛开始后，村上喝下第二口啤酒时，燕子队有一名来自美国南方小镇的 29 岁小伙走入打击区。用美国球员的标准来看，他身材不算强壮，甚至有些消瘦。打击时，这位身高一米八五的洋将似乎喜欢蜷缩着身子，几乎像是半蹲着。如此古怪的打击姿势，不知是为了缩小自己的"好球带"，还是从小养成的习惯。不过，随着一声清脆的响声，一支漂亮的安打落在左中外野，他轻松跑上二垒。这是燕子队那场比赛的第一支安打：

> 广岛队的先发投手记得应该是高桥。养乐多队的先发是安田。一局后半，高桥投出第一球时，希尔顿漂亮地将球击向左外野，是一支二垒安打。球棒碰到球的声音清脆悦耳，响彻神宫球场。周围响起啪啪的稀疏掌声。我那时候，不知怎么毫无脉络可循，没有任何根据，忽然响起了这样的念头：
>
> "对了，说不定我也可以写小说。"[10]

这位与村上春树同年的洋将叫戴夫·希尔顿（Dave Hilton）。那一年他是整个日本职棒联盟中打击成绩最好的球员之一。

村上印象中的希尔顿"每击出一球便全力疾奔"，"报纸用头版专栏全部篇幅称赞他的表现"，更难得的是"在整整一年内，从神宫球场球员出口到更衣室那短短一小段路，像他那样认真应要求和支持者握手的球员，我不知此外更有何人"。[11]

在戴夫·希尔顿的带领下，之前近30年从未夺冠的养乐多燕子队竟破天荒地杀入了总决赛——日本大赛。10月初，决赛

△　如今的明治神宫球场（作者摄）

「作家・村上春樹」生んだ二塁打放った　ヒルトン氏死去

2017年9月19日20時01分

ヤクルトスワローズのデーブ・ヒルトン内野手＝1978年

17日死去した元ヤクルトのデーブ・ヒルトン氏は野球ファンにだけでなく、「作家・村上春樹」誕生のきっかけとなった存在としても知られている。

元ヤクルトV戦士のヒルトン氏死去　初の日本一に貢献 →

村上さんの著書「走ることについて語るときに僕の語ること」（2007年、文芸春秋）によると、1978年4月1日、神宮球場でのヤクルト―広島戦のことだっ

△　2017年9月17日，戴夫·希尔顿在美国去世。日本各大媒体均予以报道。《朝日新闻》在报道中特别提到了那支让村上春树走上作家道路的"二垒打"。

《文学界》杂志 2019 年 8 月号上刊载了村上春树两部新短篇。其中一篇为《养乐多燕子队的诗集》（ヤクルト・スワローズ詩集）。

前夕的周日下午，村上与太太走出超市，无意间竟然瞥见了这位低调朴素的美国外援——戴夫·希尔顿。他一家三口也正买完东西，等着出租车。看似平常的一刻，却如球场上的表现一样深深打动了村上。用他自己的话来说："打动我心的，可能就是处于那光辉中心，甚至令人微觉痛楚的幸福感。"

在随后的总决赛中，养乐多燕子队出乎所有人意料地夺取了"日本第一"的桂冠。作为当时新加入的燕子队球迷村上无疑是幸运的。然而，这似乎也成为一系列不幸的开端，因为养乐多之后 15 年间再未染指过这座桂冠。球队战绩一直被同城"土豪"——读卖巨人队死死压制。村上虽也感叹"那个精彩的赛季再也没有回来",但始终坚定地坐在神宫球场的观众席上为养乐多燕子队加油鼓劲。

1978年4月1日,亲眼目睹戴夫·希尔顿的精彩表现后,村上亦开始了自己职业小说家的生涯。某种意义上,他的小说家生涯几乎是与燕子队球迷生涯彼此同步的。伴随1978年的赛季结束,一切都改变了。无论是对燕子队,还是对村上自己来说,确实都改变了。前者获得史上第一次日本冠军,后者向成为职业小说家迈出了第一步,写出了处女作《且听风吟》❶。

三十多年后,村上春树在回忆时仍会感叹:

> (《且听风吟》)初稿写成之后,棒球季也快结束了。顺便提一下,这一年的养乐多燕子队出乎大家预料,不但拿下联盟冠军,还在日本职棒大赛中击败了拥有日本顶尖投手阵容的阪急勇士队,拿到了总冠军。那真是奇迹般漂亮的赛季。[12]

---

❶ 《且听风吟》(風の歌を聴け)首个简体中文译本1992年由漓江出版社出版。

◎ **本章尾注**

1　保罗·安德利尔：《黑泽明的罗生门》，蔡博译，人民文学出版社，2019 年，第 72—74 页。

2　鹈饲正树、永井良和、藤本宪一编：《战后日本大众文化》，苑崇利、史兆红、秦燕春译，社会科学文献出版社，2010 年，第 219 页。

3　小林勇：《一本之道》，张伟龄、袁勇译，生活·读书·新知三联书店，2015 年，第 29 页。

4　村上春树：《悉尼！》，施小炜译，南海出版公司，2012 年，第 29 页。

5　村上春树：《悉尼！》，施小炜译，南海出版公司，2012 年，第 203 页。

6　村上隆：《跑啊！高桥》，张致斌译，湖南文艺出版社，2013 年，第 229 页。

7　伊坂幸太郎：《王者》，袁斌译，南海出版公司，2014 年。

8　村上春树：《无比芜杂的心结：村上春树杂文集》，施小炜译，南海出版公司，2013 年，第 243—244 页。

9　村上春树：《身为职业小说家》，赖明珠译，（中国台湾）时报出版，2016 年，第 39 页。

10　村上春树：《身为职业小说家》，赖明珠译，（中国台湾）时报出版，2016 年，第 40 页。

11　村上春树：《无比芜杂的心结：村上春树杂文集》，施小炜译，南海出版公司，2013 年，第 245—246 页。

12　村上春树：《身为职业小说家》，赖明珠译，（中国台湾）时报出版，2016 年，第 41—42 页。

第三部分：书

战争本身有悖常理，所以我反对战争，特别反对凭借强大军事实力侵略弱国的行为……战争会破坏文化，不可能建设出什么文化。

——内山完造

　　日本的开战与战败，都缘于我国道义与文化的社会水平低下。今天，遭逢此国难，为建设新日本文化，我也想奉献绵薄之力。

——岩波茂雄

△ 20 世纪 30 年代初的内山夫妇与中国伙计的合影

在商言商的内山完造

○ 作为副业的书店生意

　　1959 年 9 月 21 日傍晚，日本广岛县福山市中村书店的老板娘静子正准备关门。隔壁鞋店传来邻居的喊声："中村先生，东京来的电话！"听到喊话，静子飞奔着冲出店门。片刻后，她带着阴郁的脸色走回店里，含着眼泪跟眼前的家人说了一句：

　　老板没了。[1]

　　静子口中的老板正是在近代中日文化交流史上的名人——内山完造，内山书店的老板。而中村书店的创始人中村享与妻子静子都是内山完造的远亲。中村享1933年还曾在上海内山书店工作，经内山完造牵线才与静子相识并结婚。

噩耗传来的两天前即9月19日，74岁的内山完造受邀前往北京，参加新中国成立10周年国庆大典。中村一家还曾特意赶到东京羽田机场为其送行。当时内山完造已身患重病，亲友都担心此别后也许再见不到他。结果仅仅两天后，就听到了他的噩耗：抵达北京后，内山完造脑溢血发作，病逝于北京协和医院。消息最先是由《朝日新闻》社告知东京内山书店，再电话通知了远在福山市的亲戚以及老员工中村一家。[2]

在中日近代文化交流史上，内山完造与他的内山书店堪称一段传奇佳话。如果说上海虹口的内山书店是记录了中日知识分子交往的一段历史，那么这段历史如今则在东京神保町继续存在着，前后已超过了100年。

内山完造于1885年出生，日本冈山人。1913年因出任日本大学眼药水公司驻中国代表而前往上海，1916至1947年间一直居住在中国。1917年，上海内山书店在虹口北四川路魏盛里开办（现四川北路1881弄），1929年迁至北四川路底施高塔路（今山阴路）11号，迁址后的书店改善了条件，也有了更稳定的活动场所，一度成为受广大中国文化人欢迎的公共空间。

实际上，内山书店的诞生与内山完造夫人——内山美喜子，有着极为密切的关系。在创立后相当长一段时间内，主要是由美喜子负责书店日常经营。内山美喜子是京都人，1916年与内山完造结婚，之后便跟随丈夫到上海长期定居。当时内山完造的正职是在大学眼药公司工作。1917年，美喜子想要做点副业来补贴家里，夫妻俩便商量着开了内山书店，其实也算是名副其实的"夫妻创业"。书店开张后，内山完造仍要在公司上班，直到1930年才正式离职。因此平时书店杂务大多由夫人美喜子打理。作为基督徒，内山书店初期主要是卖一些基督教书籍，后来又吸引到了附近的正金银行、三菱银行的一些日本职员，生意开始越来越好，经营图书的范围也越来越大。[3]

与此同时，内山书店的顾客也不再局限于日本人，中国客人也逐渐多了起来。这期间，开始了与鲁迅等中国进步文化人等密切交往。晚年的内山完造曾将书店的蓬勃发展归功于美喜子当时的辛勤付出，曾这样赞扬他的妻子：

> 对书店毫无经验的她怎样一个人苦心经营下来的，我是再了解不过了，然而有时我仍然会责怪她太认真。昭和二十年（1945）她去世时，我脑海里立即浮现出"为了信仰辛勤劳动的三十年"这句话，然后默默祈祷。[4]

△ 内山完造与夫人美喜子（摄于 1918 年）

昭和风、平成雨

20 世纪 20 年代后，伴随日本日渐军国主义化，对华侵略的步伐日趋加快，中日关系日趋恶化。内山书店曾因为时局原因经历过不少波折，1937 年 8 月淞沪会战打响后，内山夫妇暂回日本，直到 11 月才复业。次年 5 月，内山返回上海后重新规划了书店业务。1942 年书店又"被动地"扩大营业，内山完造受命接管中美图书公司，将店名改为内山书店南京路分店，后来一些原本在北四川路店内的活动也移到了南京路上。1945 年 8 月，日本无条件投降后，内山向 30 余位店员公开了书店的全部资产与债务，10 月 23 日便由国民党当局接收。虽然 1947 年时内山又从日本归国者手中购买书籍新开一家书店"一间书屋"，还希望继续经营自己在中国的书店事业。但遗憾的是，他很快就被国民党当局强制遣返回日本。

无奈之下，丧妻的内山完造独自一人回到日本，此后一直与弟弟内山嘉吉夫妇共同打理内山家在东京神保町的书店。他曾这样描述自己回到日本后的心情：

> 幸运的是，这家店幸免于难，存活了下来，但是东京已经成了一片废墟。那时觉得目黑比较安全，便把重要的高价书籍暂时存放在那里，结果反倒被烧掉了。经历了那么多年困难，书店本应早就倒闭了，但是弟弟弟

媳两人苦心经营坚持了下来，也多亏他们收留我，当我一无所有被赶回来时，他们跟我说欢迎回家，叫我哪里也不要去，给了我家庭的温暖。对此我只能说谢谢，如今夜深人静独自沉思之时，依然禁不住会热泪盈眶。[5]

回到日本后的内山完造一心致力于中日友好工作，1950年参加创建日中友好协会，1952年公开反对日本政府与台湾当局相互承认。1954年参与接待中华人民共和国第一个访日代表团。1959年时受邀参加中华人民共和国成立十周年的国庆典礼。

○ 与鲁迅的交情

无容置疑，内山书店最为今人称道的故事便是与鲁迅的渊源。1937年10月3日鲁迅从广州移居上海。到上海的第三天，他就去了内山书店买书，但未遇到内山完造本人。根据鲁迅日记和书账的记录，10月5日这天他在内山书店买了四本书，花费10元2角。10月8日，他第二次造访内山书店时才见到了内山完造，两人相谈甚欢，随后就开始一段终身不渝的交情。1928年至1935年间，鲁迅购书费用在600元到2400元之间，其中相当一部分是日文书，而这些日文书绝大部分都购于内山书店。据统计，鲁迅共去内山书店500次，购书达1100册。此外，鲁迅也会委托内山完造在店里代售、代办自己的书籍。[6]

1930年3月，鲁迅因参加中国自由运动大同盟遭南京当局通缉，曾在内山书店楼上借住了整整一个月。之后，为避免当局骚扰，鲁迅一家的住所都委托内山完造以内山书店宿舍的名义租赁，房租、水电等费用都交给内山代缴。1932年"一·二八事变"爆发，日本宪兵曾闯入鲁迅家中，内山完造在紧要关头赶来作保解围。之后，又把鲁迅一家安排在公共租界内的内山书店支店暂避。1936年，在鲁迅临终前，内山赶到他的寓所，看着被病痛折磨的鲁迅感到非常疼惜，便叫来了日本医生须藤先生医治，但最终仍无法挽回。鲁迅逝世后的治丧委员会中，内山完造排在第二位，足见他与鲁迅的情谊之深。[7]

当时国民党虽知道内山与鲁迅为首的左翼进步文化人士往来密切，但碍于其日本人的身份而无法强行干预，于是就有意透过各类管道散播"内山表面是开书店，实际差不多是替日本政府做侦探。他每次和中国人谈了点什么话，马上就报告日本领事馆"这样的言论。对此，鲁迅曾回应："至于内山书店，三年以来，我确是常去坐，检书谈话，比上海的有些所谓文人相对安心，因为我确信他做生意，是要赚钱的，却不做侦探；

他卖书，是要赚钱的，却不卖人血。这一点，倒是凡有自以为人，而其实是狗也不如的文人应该竭力学习的！"[8]

鲁迅对内山的这段评价非常到位，既称赞其作为朋友的义气，也点出了他"做生意""要赚钱"的心理。实际上，尽管是开书店的文化人，但内山完造也从不讳言自己是在商言商的生意人。在回忆与鲁迅的交往时，他就大方承认：

> 和鲁迅这样的文化人交往时，也让他们的地位名望成为我宣传的手段。晓谕读书界，不是靠我的能力人品也不是靠我的地位，完全是借着鲁迅先生的去世搭了个便车而已。[9]

对日本所发动的侵华战争，作为基督徒的内山完造从心底里感到厌恶。当大部分日本人都不愿意承认日军在南京屠杀行径时，内山却敢于跟朋友表示：

> 我想确有其事吧，虽未亲眼看到……战争本身有悖常理，所以我反对战争，特别反对凭借强大军事实力侵略弱国的行为……战争会破坏文化，不可能建设出什么文化。[10]

◯ 在商言商

除了鲁迅之外，还有很多文人都曾出现在内山书店，郭沫若、欧阳予倩等，他们经常以客人或是朋友的身份光顾，当时只要有文章提及这些，年轻的男女学生们就会蜂拥而至，内山书店的生意当然也就越做越大。用现在流行的话来讲，内山是一位非常会蹭"热点"的文化商人。而内山完造对此也非常坦白，甚至认为这是自己高明的宣传策略的一个体现。因此，当内山完造在听到别人评价他是个"狡猾的家伙"时并不否认，还曾自我剖析"营销"手段：因人而异，因地制宜，宣传这种事交给高明的中国人去办就好。他曾戏谑地用"一般狡猾""更狡猾""极其狡猾"来讲解自己书店的宣传策略。

第一，"一般狡猾"：针对只要打广告就必定见效的日本人，在日文报刊上刊登名著简介，占用大量篇幅写书评，这样不花一分钱就能达到满意的宣传效果。原先发过油印版的"诱惑状"（新书单），后来换成了"上海漫谈"。

第二，"更狡猾"：对于不吃广告这一套的狡猾的中国客人，采取更狡猾的方式，提供给他们一些必须做广告宣传的内容，例如"中国人和朝鲜人均可以赊账"。

当时上海还没有一家日本人经营的商铺允许中国人和朝鲜人赊账，我做了大家都没做过的事情，自然就达到了口口相传的效果，这不就是免费宣传了吗？我渐渐意识到这个方法几乎不花什么钱，于是用这个狡猾的方法代替了广告费。我基本上没做过什么中文版的广告，因为以我在中国各地为大学眼药做了十七年广告的经验来看，商人直接做广告收效甚微。也不是说完全否定广告的效果，而是说我找到了更加有效的方法。与其让手段不怎么样的人去宣传，还不如交给高明的中国人去做。[11]

第三，"极其狡猾"：尽一切可能利用报纸免费宣传。

不管什么事情我都想办法弄成新闻材料，不管效果如何，只要报纸上出现我们的店名就是宣传，受到抨击也好，恶言相加也好，我都欣然接受，并为自己的精明得意洋洋。[12]

即使是当时不少报纸刊文质疑内山完造为日本间谍、利用鲁迅等，他也宽心且自嘲地将此视为免费宣传。

　　　　　　　　　　　昭和风、平成雨

内山完造还举了一个类似的例子，1947年12月他被强制遣返时，手中还有大概两万册书。他非常关心如何处理这些书，因为大部分是朋友信赖代为出售。回国后听说那些书下场并不怎么好，觉得可惜。不过，后来意外收到上海征用日侨技术人员联络部（或为驻上海的日本人机构）传来的消息又让他自得了一番。当时日侨技术人员联络部传来的消息是：

> 关于阁下归国之时遗留书籍的处理，附上6月1日当地报纸报道，内容大致如下：苏浙皖敌产处所接收之日商内山完造遗留大量书籍，今遵教育部命令，由中央图书馆接收，其中关于国防部的资料由国防部接管。如上所述，遗留书籍没有散失，由中国当局保管，请阁下放心。[13]

得知自己旧日藏书得以完整保存，相关消息甚至被中国各大报刊刊载，内山完造便认为这也是一种对自己多年文化事业的肯定和宣传，他如此评论道：

> 战争结束后，数十万日本人的无数财产都被没收了，十万册书籍和书画古董也被收藏在旧西本愿寺别

院，寺院后改名为和平博物馆，用于保存这些珍贵的物品。不知何时，政府将古董赠送给了南京故宫博物馆，书籍赠送给了国立大学的图书馆，而且没有公开发表这个处理决定。我的藏书虽然仅占总数的五分之一，关于它的处理却在上海的各大报纸上以南京电报的形式登载出来。这是为什么呢？因为我巧妙地利用了中国的宣传。当然，这并不是我自己的说明，而是朋友的解剖分析，我只是尽量用准确的语言表达出来。万一这是错误的观点，那也是我用自己的分析来写的。[14]

这样看来，若从当下文创企业宣传营销的角度去看，内山完造确实是一位非常精明的生意人，但正如鲁迅所说的那样"他卖书，是要赚钱的，却不卖人血"。在商言商的内山始终坚守自己为人的底线，就像他跟鲁迅讲过的那样："不出卖朋友的人，在日本人中也是有的。"事实上，当年的日本军政机关确实非常关注内山书店的一举一动，甚至一度怀疑他是"共产党在上海的头目"。例如1937年"七七事变"前夕，日本驻上海领事馆就调查过内山书店内出售图书的数量、种类、内容，并监视其日常经营活动。又如淞沪抗战爆发后，内山与夫人曾回日本暂避战祸。其间，他却遭到秘密警察特高课拘捕，被关押了三天。[15]

日本著名出版社岩波书店的老板岩波茂雄与内山相熟，在战争期间一直支持他继续努力。两人每次谈完中国，总会对他说："内山君，我最后的王牌就在中国，因此只要你决心做的事情，无论什么都告诉我，我完全支持你，可要两人一起干呀。"[16]1935年岩波茂雄去欧洲旅行时，曾路过上海。在内山引荐下，有幸见过鲁迅。之后，也曾通过内山捐献设立过鲁迅文学奖金。

对于日本当局对他的"特别关注"，内山并非没有察觉，而是同样不以为意。他始终乐于继续结交、协助中国文化名人，

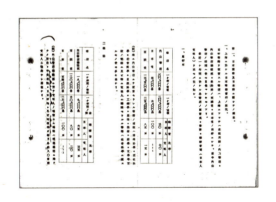

△ 1937年3月日本驻沪领事馆给外务省的报告中特别提到了内山书店的情况

资料来源：「上海地方ノ日本図書及日本語ニ関スル上崎司書ノ視察報告」、昭和十二年三月、外務省外交史料館、H-7-1-0-6。

也用他们的名号来替自己的书店生意宣传。他可以感到宽慰的是，内山书店致力中日文化交流的传统并没有断绝，而擅于在商言商的传统，也被东京内山书店继承至今。

○　东京内山书店

尽管上海内山书店的历史止步于1945年，但"内山书店"的品牌至今健在并依旧发挥着勾联中日文化交流的作用。在东京知名的书店街——神保町，东京内山书店的招牌至今仍高挂着。书店街很长，通常沿着神保町地铁站附近的一圈活动，道路两侧、弄堂小路，聚集了密密麻麻的书店、出版社、文具用品商店。而东京内山书店在此地经营的历史可以追溯到1935年。当时，上海内山书店由内山完造夫妇主理，而东京则由内山完造的弟弟内山嘉吉夫妇负责。

内山完造在回忆东京内山书店开张状况时这样写道：

> 内山书店开业已经十五年了，在中日文化交流方面积攒了一些经验，于是想做些实事，在东京开间专门经营中国书籍的内山书店。刚巧此时，在成城大学

一1950年代 内山完造（右）と弟·嘉吉（左）

△　2018年日本剧作家井上厦以鲁迅为主角，以内山书店避难生活为背景的话剧《上海月亮》再次被搬上日本舞台。日本著名演员野村万斋、广末凉子分别饰演鲁迅、许广平。

▽　内山完造（左）与弟弟内山嘉吉（右）的合影

当老师的弟弟为学校暴动所牵连而被迫辞职，就和他商量不如开家书店吧，没想到他欣然接受，说先在现在的地方试试看。我马上寄去了很多上海出版的书籍，我觉得比起书店的地点，书籍的丰富更能吸引客人。弟媳结婚前在我们家都忙打理过一些店里的事情，对书店的事情略懂一二。

……渐渐地生意好了起来，开始有客人提出要求，能不能想办法把书店搬到更方便一点的地方呢？后来我们打听到神田的三宝町附近有间小房子，于是立刻赶去交涉搬了过去，就是现在一桥二町目三号的内山书店。[17]

受哥哥的影响，弟弟内山嘉吉也曾"混过"中国知识分子圈，与鲁迅、郭沫若、丰子恺等人都结下过情谊。例如喜好木刻画（木版画）的鲁迅，创办了中国第一个新兴木刻讲习班，而这个讲习班曾得到内山嘉吉的热心帮助。在追随哥哥足迹成为书店老板前，内山嘉吉是大正昭和年间成城学园的校园剧作家、教育家，担任过实用美术工艺课教师，后因受左翼学生运动牵连而被迫辞职。[18]

当时恰好鲁迅对外国版画兴趣浓厚，1930年在内山完造的提议下自行出资办了一个为期两天的现代版画展，地点就在上海内山书店开办的日语学校。1931年7月，内山嘉吉应内山完造邀请到上海旅游，并经由完造介绍给鲁迅。嘉吉现场即兴制作版画，鲁迅观看后很兴奋，邀请他给版画讲习班上课。起初，内山嘉吉以自己只是一名普通美术教师为由婉拒，但在内山完造的劝说下才"勉强应允下来"。不过，鲁迅怕讲习班动静太大惹麻烦，通过冯雪峰只请了"美联"的13位学员参加，前后共六天时间。内山嘉吉后来回忆道：

> 我讲得很卖力，鲁迅先生也忙得够呛，讲习时，我坐学生中间，鲁迅当翻译，他说的话要比我多一倍，还对我讲得不充分的地方作补充说明。[19]

事后，鲁迅为了酬谢内山嘉吉，将德国版画家凯绥·珂勒惠支签名的一幅铜版画和一套石版组画《织匠》赠送给他，还亲笔题了上下款，嘉吉珍藏。遗憾的是，在太平洋战争期间的一次空袭中这些藏品化为灰烬。

内山嘉吉回国后，把学生桔村信太的木刻作品和自己的木刻《首》翻拍成照片寄给鲁迅。鲁迅热情回赠中国印花笺纸十余张托他转给其他木刻作者。内山嘉吉曾携妻子内山松藻拜访过鲁迅，鲁迅为其书欧阳炯《南乡子》词赠之。

如今这家位于神保町的内山书店，文化象征意义或许更大，

内山书店为创业百年特别制作的宣传图标

被视为中日桥梁，甚至还有专门的民间组织如"内山会"等。2017年恰逢上海内山书店创业一百年，若有机会进去，就能在店中发现到处张贴的小海报似乎总在提醒来访者，这是一家从上海到东京的百年老店。

从地铁神保町站走出来，大概三四分钟就能到内山书店。这是一幢三层小楼，在神保町众多书店中，算是规模较大的。书店门口，抬头便是由郭沫若题词的"内山书店"匾额。走进书店内，书架摆放与其他书店并无二致，只是内山书店卖的书几乎都是与中国相关的书籍。除了日文外，既有港台出版的书籍，也有不少大陆出版的简体中文书籍。书的种类以社科类为主兼顾文学，甚至有相当部分的书紧跟中国国内时下流行图书。一楼最靠楼梯则是一个专门摆放鲁迅相关书籍的书架，有鲁迅文集，有内山完造关于上海的书籍，还有后人研究鲁迅的著作等。沿着楼梯上去，墙上挂满了老照片，有内山完造夫妇、内山兄弟的照片，还有内山完造与鲁迅在上海的合影，上海内山书店旧址照片。

二楼主要是艺术类书籍，最令人意外的是，在书架转角处居然放着中国的中学生教材。从二楼可以坐电梯上楼，就这一点，在神保町这么多的小书店中大概也是比较"奢华"的享受了。三楼是专门卖中文旧书的，资料集、日记、回忆录等史料类书籍偏多，另外还有一些关于中国历史、地理或是与上海相关的书目，一眼下去可能并不"惊艳"，但细细倒腾还是可以发现一些好书。与书架隔了一条过道的是收银处和工作人员编目的办公区域，站在书架前望过去可以看到一位日本大叔盯着电脑，不时发出嗒嗒嗒敲击键盘的声音。在三楼付完款，侧身一看，墙上挂着一幅鲁迅先生赠予邬其山的书法，邬其山便是内山完造的中文名。

回到一楼，再绕着书架转了一圈。随处可见内山书店一百周年纪念标语，甚至发现正售卖一些与鲁迅相关的周边商品，例如出产自京都附近的名茶"玉露雁音茶"。据说这是鲁迅生前非常爱喝的一种日本茶。于是，这茶叶也成了纪念内山书店一百周年的周边商品，而宣传口号则是"鲁迅在上海内山书店爱喝的日本茶"。

2009年时，为了纪念内山去世50周年，还曾出版过一本

△ 书店墙上的老照片（作者摄）

▽ 墙上的各类宣传海报。其中，"鲁迅在上海内山书店爱喝的日本茶"的宣传标语显得格外有趣。（作者摄）

漫画《内山完造的生涯》，称其为中日友好的桥梁。1935 年到 1944 年间，内山完造出版了七本有关中国的漫谈集，将他对当时中国社会的观察如实地写了出来。在这些书中，他非常率直地批评日本社会对中国的种种偏见与无知，批评当时日本国内媒体煽动战争的种种言论。侵华以及太平洋战争爆发后，内山还曾在在自己的文章中向日本大众呼吁："不要跟着潮流走""不要去推动这股潮流。"但无论如何，内山完造本质是一位"以书为业"的人。

除了经营书店，内山完造还参与出版工作，鲁迅生前一些无法在中国出的书籍交由日本出版社代为出版，他亲自参与编辑、顾问等要务，也曾办过日语学校，编过文化刊物，举办书店沙龙活动，自己出书、演讲，偶尔还要出席政界活动等等。内山完造总是兴致昂扬地在奔走着，通过种种方式无意或有意地编织起了一张横跨中日两国的人际关系网。更让人佩服的是，他总是谦虚而低调地表示，自己只是在商言商，结交、援助各类中国文化人只是他的一种营销手段。然而，我们作为后来人又怎么会忽略他"在商言商"背后暗藏的"情怀"呢？某种意义上，正是这种对"在商言商"理念的坚持与宣扬，才能在那个险恶的局势中为内山和他的中国朋友提供保护。

侵华战争全面爆发后，有不少日本商人喊着"中日亲善"

的口号，跟随侵略军深入中国各地，发"战争财""侵略财"。内山则非常鄙视这种行为，在他看来"亲善啊友好啊不是拿出来炫耀的，只要默默地友好相处就是最亲善的友好"。当其他日本商人争先恐后紧跟日军侵略的步伐去南京、武汉开设分店之时，内山书店则在上海纹丝不动，长期的合作伙伴东京堂书店，甚至因此感到不满。不过。内山坚持认为："不能趁着中日争端而扩展……凭着自己对中国的认识，我认为不可以这么做。"[20]

内山去世多年后，中村静子仍对得知"老板"去世那天的事情记忆犹新：

当听到"东京来的电话"时，猛然直觉猜到老板去世了。得知消息时，心里很难受。但在他热爱的中国去世，对老板来说是一件幸事。因此略感到些欣慰。[21]

1959年9月19日，内山完造启程前往北京之前，或许冥冥之中对自己命运已有预感。正是预感生命将尽，他才不顾一切地要回到中国。抵达北京当天，他就去见了许广平。内山完造对她讲道："死了也要葬在中国上海"。依照内山完造的遗愿，他的一半骨灰安葬于上海万国公墓，重新回到了这座他曾生活数十年的城市，继续他的"中国情缘"。

◎ **本章尾注**

1 佐藤明久：《老板·上海的伯父·内山完造——从儿岛祐亨、静子的记忆中了解的鲁迅和内山完造》，瞿斌译，《内山完造纪念集》，上海文化出版社，2009 年，第 31—44 页。

2 太田尚樹『伝説の日中文化サロン上海·内山書店』、平凡社、2008 年、178-180 頁、205-207 頁。

3 尾崎秀樹『上海 1930 年』、岩波書店、2010 年、26—27 頁。

4 内山完造：《上海下海：上海生活 35 年》，杨晓钟译，陕西人民出版社，2012 年，第 11—12 页。

5 内山完造：《上海下海：上海生活 35 年》，杨晓钟译，陕西人民出版社，2012 年，第 26—28 页。

6 尾崎秀樹『上海 1930 年』、岩波書店、2010 年、37—38 頁。

7 太田尚樹『伝説の日中文化サロン上海·内山書店』、平凡社、2008 年、178—180 頁。

8 周海婴：《内山完造与鲁迅的友谊》，《内山完造纪念集》，上海文化出版社，2009 年，第 3—16 页。

9 内山完造：《上海下海：上海生活 35 年》，杨晓钟译，陕西人民出版社，2012 年，第 30 页。

10 内山完造：《上海下海：上海生活 35 年》，杨晓钟译，陕西人民出版社，2012 年，第 99 页。

11 内山完造：《上海下海：上海生活 35 年》，杨晓钟译，陕西人民出版社，2012 年，第 20 页。

12 内山完造：《上海下海：上海生活 35 年》，杨晓钟译，陕西人民出版社，2012 年，第 20 页。

13 内山完造：《上海下海：上海生活 35 年》，杨晓钟译，陕西人民出版社，2012 年，第 21 页。

14 内山完造：《上海下海：上海生活 35 年》，杨晓钟译，陕西人民出版社，2012 年，第 20—21 页。

15 内山完造：《上海下海：上海生活 35 年》，杨晓钟译，陕西人民出版社，2012 年，第 75—82 页。

16 安倍能成：《岩波茂雄传》，杨琨译，生活·读书·新知三联书店，2014 年，第 244 页。

17 内山完造：《上海下海：上海生活 35 年》，杨晓钟译，陕西人民出版社，2012 年，第 26—28 页。

18 李连庆：《内山嘉吉夫妇——鲁迅的日本朋友》，《鲁迅研究辑刊》（第一辑），上海文艺出版社，1979 年，第 342—349 页。

19 内山嘉吉：《中国版画与我》，《鲁迅研究辑刊》（第一辑），上海文艺出版社，1979 年，第 350—370 页。

20 内山完造：《上海下海：上海生活 35 年》，杨晓钟译，陕西人民出版社，2012 年，第 73 页。

21 佐藤明久：《老板·上海的伯父·内山完造——从儿岛祐亨、静子的记忆中了解的鲁迅和内山完造》，瞿斌译，《内山完造纪念集》，上海文化出版社，2009 年，第 31—44 页。

△ 岩波书店的 Logo "播种者"

岩波书店的「世界」

○ 特高课的囚犯

1945 年 8 月 15 日中午，日本神奈川县拘留所礼堂。

被关押的囚犯、看守与特高课警察们一道等着收听"重要广播"。特高课警察即所谓"特别高等警察"，可算是二战期间日本的"盖世太保"。正午 12 点，昭和天皇的声音从广播里传出，标志着日本正式无条件投降。当时在日本已非常有名的出版社——岩波书店的"二把手"、创始人岩波茂雄的女婿小林勇也被关押在这间拘留所中。三个月前，特高课警察以"违反治安维持法"的名义将他拘捕，怀疑出版违禁书籍，宣传反战思想。拘押期间，自然少不了严刑拷打与轮番审讯，甚至还要求小林勇交待岩波书店内部的左翼组织。[1]

说起岩波书店，但凡熟悉日本近代文化史者，对其都不应陌生。自1913年8月5日，在东京神田区的神保町创建后，岩波书店便成为日本学术文化出版界的图腾象征。当时为了创业，32岁的岩波茂雄辞去神田女学校的教职，又变买了长野老家的田产来筹措资本。起初，岩波书店是一家名副其实的二手旧书店。旧书生意经营一年后，岩波茂雄说服大作家夏目漱石将新作《心》交给他来出版，而多年后《漱石全集》更成了岩波书店的镇店之宝。凭借精益求精的理念与近乎理想主义的态度，初出茅庐的岩波书店很快就收获了良好的业内口碑，受到广大读者肯定。

自夏目漱石始，芥川龙之介、伊藤佐千夫、幸田露伴、志贺直哉等知名作家都在短短几年间成了岩波书店的作者。除了文学外，岩波书店的另一大特色就是哲学类书籍的出版。1915年，岩波书店"哲学丛书"正式推出，网罗了一大批东京帝国大学、京都帝国大学为首的哲学学者。岩波茂雄在"哲学丛书"的发刊词中写道："我国思想界正处于混乱时代，这种混乱源于哲学的贫困，所以此系列目的在于普及哲学的基础知识。""哲学丛书"的推出在日本知识青年群体中引发了巨大轰动，例如速水滉的《逻辑学》就售出了近八万册，创下当时日本出版界哲学类图书印数的新纪录。1921年岩波茂雄在"哲学丛书"的基础上创办了杂志《思潮》《思想》，次年又出版了《岩波哲学词典》。大正年间，日本读书人常念叨的一句顺口溜就是"文艺书看新潮社，社科书看改造社，哲学书则看岩波书店"。

1927年，"岩波文库"丛书正式推出，成为了近代日本文化史上一桩盛事。这套丛书以德国古典名著丛书"雷克拉姆世界文库"的形式为蓝本，将原本10日元一册的图书改为一册1日元的袖珍装订本，旨在向大众普及经典文化名著。用岩波茂雄的话来说，"真理是自主追求所有人追求的东西，艺术是自主渴望所有人喜爱的东西"，这便是"岩波文库"的出版宗旨。知名作家井上靖晚年曾这样回忆："从父母处的岩波文库，我得到了优美的东西、严肃的东西、激动人心的东西，乃至一切生活的根源。""岩波文库"出版后，"文库"一词在日本出版界被广泛使用，廉价普及丛书的"文库本"成为了支撑日本出版文化的重要组成部分。然而，对哲学类、思想类选题的偏爱以及对包括马克思主义、社会主义在内的外国著作的引介，也让岩波书店被外界视为自由主义与各类左翼思想在战前日本最重要的传播阵地。

对此，岩波茂雄本人并不忌讳，甚至以各种形式对日本当时军国主义扩张政策表达着自己的不满。侵华战争全面爆发前夕，对中日以及东亚时局忧心忡忡的岩波茂雄曾有意向中国的五所大学捐赠岩波书店历年出版的图书，但却因战争爆发而不得不作罢。即便战争期间，岩波茂雄也总在店里对自己员工表示：他不会为所谓"日中战争"捐一分钱，不管压力多大也不会屈从。[2] 岩波曾在《读卖新闻》上撰文公开批评当时日本政府的文化政策："举国一致的统管也可以，但其内容不能低调乏味，不能与世界不相往来，其原理必须贯通古今""避免与近卫首相发生摩擦、矛盾，如果这种愿望是出于停止私斗的意思那也好，但在非常时期，如果在朝没有诤臣、在野没有直言不讳的言论，那将是国家的忧患"。[3]

1939 年 3 月，内阁情报部就强化所谓"国家精神动员"找文化名流岩波茂雄征求意见，结果却收到这么一封复信：

总体来说，我一直以来对国民精神总动员不感兴趣，觉得它不是发自国民内心的运动，其理由大致有如下几点：

一、对于这样的大事变，国民至今仍不十分了解它的理由。

二、战争即便是迫不得已，但对最初和平解决上尽的热情和努力不甚了解。

　　　　　　　　　　　　　　　　昭和风、平成雨

△ 外务省搜集的岩波茂雄言论

资料来源：「近衛内閣ニ対スル言論界ノ要望」、昭和15年8月3日、外務省外交史料館、A-5-0-0-1。

三、不了解国家对战争的大方针。

四、虽说是国民精神总动员，但以大多数中小工商业者为首的国民终日劳作，尚且只能维持生活，还有更紧张的余地吗？

五、对于学生和文艺之士来说，为国家尽忠的途径是研究与发表言论。但由于现在的统管，对于这些人来说，为总动员奉献的途径屡屡受阻。

六、现在虽然看起来平静，但暴力隐然统治着社会，为此，我认为他们妨碍国民表露忠诚。[4]

伴随日本在战争泥潭中越陷越深，日本国内的政治气氛也变得愈加肃杀。岩波书店的出版发行开始受到越来越多的干扰，例如曾被迫将马克思主义学者山田盛太郎的《日本资本主义》予以绝版。1940 年初，岩波书店又因出版津田左右吉的《古事记及日本书纪研究》《神代史研究》而遭检举，理由是这一系列著作以"疑古"的方式损害了皇室的尊严。结果，作者津田左右吉与发行人岩波茂雄一审分别被判处监禁三个月、两个月，后经上诉与缓刑才免了牢狱之灾。对越来越严苛的审查，小林勇的抱怨也越来越多且毫不避讳：

文库中被称为"白带"❶的社会科学类，特别是有关马克思主义的部分，却全部被强制停止出售。审查越来越严。过去只有内务省负责审查，现在就连陆海军情报部也借用御用学者的鬼点子，开始参与"审查"。他们的镇压毫无道理。⁵

太平洋战争爆发后，岩波书店的经营进一步受到影响，除了审查越来越紧、纸张供应受限外，还有不少职员被征兵送往战场。然而，让当时军方非常恼火的是被送往战场的士兵们强烈要求将"岩波文库""岩波新书"等丛书列为前线抚恤品，以至于"陆军上层虽然憎恨岩波书店，但难抵士兵们的要求，陆军的恤兵部向岩波书店发来大量订单，纸张得到保证，费用也得到确保"。

尽管如此，军政当局并没有放过岩波书店的打算。于是，在 1945 年 5 月正式逮捕了图书编辑的实际负责人、岩波茂雄的女婿小林勇。直到日本战败投降时，他一直被关在特高课的牢房里。

---

❶ 《岩波文库》的出版物在书籍下方会根据不同学科标示不同颜色，白色即社会科学。

○ 让日本重新走向"世界"

1945 年 8 月 15 日下午，原本凶神恶煞的特高课警察却完全变了一幅嘴脸，客客气气地向小林勇问道："先生，我们今后会怎样？"他甚至还亲自给小林勇倒茶请安。遍体鳞伤的小林勇笑着回答："没什么好担心的，不会追究到像你们这种小人物的份上吧。"说罢，他看了一眼窗外，又对面前的警察讲道：你看那边，百姓看上去并没有垂头丧气，而是充满喜悦！"

8 月底，小林勇正式获释。事后，岩波茂雄、小林勇才得知这次拘捕是所谓"横滨事件"的一部分。当时，日本军政当局在通过类似手段摧毁改造社、中央公论社后，便把打击目标转到了岩波书店身上。回到书店工作，小林勇发现岩波茂雄的健康每况愈下，而他的长子岩波雄一郎也刚不幸因病去世。相较身体状况，岩波茂雄的精神却十分亢奋，他非但未将日本战败视为灾难，反而视之为"天佑神助"。

早在 1944 年，岩波茂雄就曾对友人这么讲道："发动了没有必要的战争。如果正义信念在我，虽千万人吾往矣。为了世界人类，即使一亿人玉碎，也应该主张正义。如果知道错了，就应该毫不犹豫地改正，像个男人一样重新开始，为此，即使需要百年时间也行啊！"[6]在岩波茂雄看来："这场战争应该失败，就像水从高处向低处流一样，是自然趋势。军部派阀不好。那些人丝毫不懂世界立场。"[7]他希望能借助文化的力量，让日本重新走向世界，于是就有了创办杂志《世界》的念头。

1946年初，岩波书店开始发行新杂志《世界》。在发刊词中，岩波茂雄非常坦率地写道：

> 无条件投降是开天辟地以来最大的国耻，而且这一屈辱是我们自己招致的……
>
> 我对于没有大义名分的"满洲事变"、日中战争，我当然是绝对反对的。而且在缔结三国同盟之际、太平洋战争爆发之际，我心中的愤忧也不能自禁。为此，我被称为自由主义者，被当作反战论者，有时还被诽谤为国贼，自己的职业也差点被剥夺。尽管如此，我却没有违抗大势，终究还是因为我没有勇气。与我同感的人在全国恐怕有几百万吧……我见义却没有气概赴义，每每自省于此，内心惭愧不已……让舍弃军备、无条件投降成为昭和的神风，粉碎我们的傲慢，让我们专心致力于谦虚虔敬之国家理想。以道义为根本的、文化繁荣的社会必须是人类的理想。权力不能战胜道

义，利剑也无法斩断思想……

日本的开战与战败，都缘于我国道义与文化的社会水平低下。今天，遭逢此国难，为建设新日本文化，我也想奉献绵薄之力，《世界》创刊也仅为此愿望的一部分。[8]

《世界》创刊三个多月后，岩波茂雄脑溢血发作，于1946年4月25日去世，享年64岁。岩波茂雄去世后，次子雄二郎接任社长，小林勇作为专务继续负责图书编辑的具体业务。

作为让日本重新走向世界努力的一环。1947年3月，两人遵照岩波茂雄的遗嘱，向中国的北京大学、中山大学、武汉大学、暨南大学和中央大学捐赠图书。实际上，在1937年卢沟桥事变之前，岩波书店就有计划向中国大学赠送其出版的书籍，但因为战争的缘故而不得不作罢。在岩波茂雄去世后，这个计划终于得以付诸实施，分别向北京大学、武汉大学、暨南大学、中央大学赠送了岩波书店新版、再版图书205种、1025册。在1947年附于赠书的公开信上，岩波茂雄的儿子岩波雄二郎这样写道：

隔海仰望贵大学的盛名，在此，谨献上弊书店部分出版图书，这完全秉承祈祷中国与日本永远亲善、终生不渝的已故岩波茂雄的遗志。如能有幸承蒙贵大学笑纳，继承故人的吾等小辈不胜欣喜……

已故岩波茂雄一贯认为弊国的行动有悖道义，倡导即刻撤兵、向中国谢罪。只要事关此事，即便对平素尊崇的前辈博学，也毫不退让，有时不惜激烈辩论。因而触犯军部及检察当局的忌讳，不断收到间接、直接的弹压，甚至经常担心自身危险。尽管如此，之所以能够保身，完全因为天下读书人众望所归，暴吏亦不敢违犯。[9]

新中国成立后，岩波雄二郎又恢复了赠书行动。在致中国对外文化协会的信中，他写道："此次敬呈图书，意在将此计划再次继续下去。如有幸承蒙笑纳，将欣喜之至。务请与上述五所大学，将这些书籍与已经赠送之物一并保存，希望能为中日友好的文化交流起到些许作用。[10]岩波书店的这个传统保留至今，累计捐赠的图书品种已超过三万种。其态度之真诚可见一斑。

正如韩国延世大学白永瑞教授就东亚各国历史和解问题时所说的那样，"结束'历史战争'的最终动力来自人们探寻历史之'真诚态度'"。包括中日在内，东亚各国的历史和解之路必然是漫长的，这不仅需要基于现实利益联系的共建，更有赖于各方面对过去的"真诚态度"。[11]

○　"不多赚也不亏损"

虽以普及文化、振兴学术为宗旨，但岩波书店之所以能长盛不衰也归功于历代负责人经营有道，能在商业与理想之间维系平衡。

1920 年，岩波茂雄在面试年仅 17 岁的小林勇时，曾特别提醒他：如果想要赚钱的话，来他这儿算是错了，应该去三省堂或者东京堂碰碰运气。年轻气盛的小林勇则不服气地反问："谁说我想赚钱的？"听了此话，茂雄笑着说道："不好意思，失礼了。明天你就来上班吧！"

实际上，若论岩波书店的经营理念或可总结为"不多赚也不亏损"：与其赚很多钱而多交税，不如采取合理方法，出版既好又便宜的书。

战后，岩波书店开始实施严格的买断制，而非传统的委托销售制。[12]此举无疑是对出版和图书馆业既有规则的挑战，也招致不少中小型书店的抱怨乃至抵制。不过，这种做法有利于岩波书店快速回笼资金并投入新书的出版项目，从而使其能熬过战后物资短缺的岁月。20 世纪 50 年代后，岩波书店事业版

△　2018年初新上市的《广辞苑》第七版（作者摄）

图迅速拓展，涉足工具书、辞书。自1955年开始出版发行著名的《广辞苑》，迄今已是第七版，总销量突破千万，可算是日本名副其实的国民级辞典。

同时，岩波书店继续秉持学术出版的传统，敬重作者、服务作者，始终坚持以作者为中心。用岩波茂雄在《朝日新闻》上笔谈中的话来说就是："好书是靠作家、校订者、印刷者等合力出世的，是思想家、艺术家的余光，我不过是应其时而忠实地递送的快递员。"

这个原则在战后亦贯彻始终。岩波书店第五任社长大冢信一在他的回忆录中记过不少他"伺候"作者的趣闻轶事。

例如某次他约日本马克思主义史学重要奠基人羽仁五郎与小说家花田清辉对谈，而岩波书店则计划日后出版两人的对谈集。结果，大冢信一前一天去看望羽仁五郎时，却遭遇了一桩尴尬事。生性洒脱不羁的羽仁五郎对当时还算年轻的编辑大冢信一吩咐道："我内裤的橡皮筋断了。帮我去买一根吧。" 大冢只得照办。[13] 又如岩波书店曾约东京大学哲学教授斋藤忍随写一部专著《柏拉图》。某天为了取书稿，大冢去了斋藤的办公室。结果，这位东大教授却开口道："交稿之前，我有点渴，请陪我一下"。于是，就把大冢拉去附近的酒馆，一直喝到深夜。至于稿子，却根本还没动笔。如此往返多次，才得以顺利出版。[14]

而在轰动日本的成田机场斗争（三里冢斗争）前后，岩波书店的编辑还陪着《何为"成田"》一书的作者、著名经济学家宇沢弘文去参加反对征地农民的聚会。当时，他们周围都是"警察机动队的装甲车"，"头顶上几乎不间断、陆续着落的大型客机的轰鸣声"。[15]

进入新世纪后，日本出版市场也开始出现停滞与亏损，即便如岩波书店这样的"老字号"也曾传出过经营困难的传闻。2001年12月的某天，时任岩波书店社长大冢信一接到一通意料之外的电话，来电者是他相识三十多年的作者。原来是这位作者在报纸上看到某间与岩波书店关系密切的代销公司倒闭的消息。当时，不少媒体据此揣测日本老牌出版社岩波书店经营可能陷入困境。得知此事后，这位忧心如焚的作者便联络大冢信一，主动表示可以将自己的毕生存款交给岩波书店应急。事后，大冢信一回忆这段轶事，则将其归因于岩波书店与作者之间的信赖关系：

> 我不认为提出这建议，是为了救助有长期交情的我个人。他是出于对岩波书店这家出版社的厚爱……这个电话让我从心底里感到四十年编辑生涯的深意。同时感觉，终于窥见四十年来寻觅的"乌托邦"。[16]

根据日本出版科学研究所公布的行业报告，2016 年日本纸本书销售总额为 1.4709 兆日元，同比下降 3.4%。这也是日本图书市场销售总额第 12 个连续下降的年头。面对新时代的变化，岩波书店现任总编辑马场公彦认为："我们应该做的主要工作是为读者'快递'更多种类的书目，无论是纸质书还是电子书，最重要的是专心从事广泛投递优质文化的崇高事业。我们的愿望就是将'文化的快递人'理念铭记在心。"如大冢信一所说的那样："所谓编辑，说到底是建立在一本一本书，与一个一个作家人际关系基础上的工作啊。"[17]

　　又如岩波茂雄所讲的那样：

　　　我只是想在日本社会散播学问、见识、艺术的传递者、撒水夫。[18]

◎ 本章尾注

1　小林勇：《一本之道》，张伟龄、袁勇译，生活·读书·新知三联书店，2015 年，第 127—130 页。

2　小林勇：《一本之道》，张伟龄、袁勇译，生活·读书·新知三联书店，2015 年，第 106 页。

3　安倍能成：《岩波茂雄传》，杨琨译，生活·读书·新知三联书店，2014 年，第 145 页。

4　安倍能成：《岩波茂雄传》，杨琨译，生活·读书·新知三联书店，2014 年，第 240 页。

5　小林勇：《一本之道》，张伟龄、袁勇译，生活·读书·新知三联书店，2015 年，第 107 页。

6　安倍能成：《岩波茂雄传》，杨琨译，生活·读书·新知三联书店，2014 年，第 243 页。

7　安倍能成：《岩波茂雄传》，杨琨译，生活·读书·新知三联书店，2014 年，第 259 页。

8　安倍能成：《岩波茂雄传》，杨琨译，生活·读书·新知三联书店，2014 年，第 185—187 页。

9　安倍能成：《岩波茂雄传》，杨琨译，生活·读书·新知三联书店，2014 年，第 251—252 页。

10　安倍能成：《岩波茂雄传》，杨琨译，生活·读书·新知三联书店，2014 年，第 252 页。

11　白永瑞：《思想东亚：朝鲜半岛视角的历史与实践》，生活·读书·新知三联书店，2011 年，第 295—296 页。

12　小林勇：《一本之道》，张伟龄、袁勇译，生活·读书·新知三联书店，2015 年，第 26 页。

13　小林勇：《一本之道》，张伟龄、袁勇译，生活·读书·新知三联书店，2015 年，第 23 页。

14　大冢信一：《我与岩波书店：一个编辑的回忆（1965-2003）》，杨晶、马健全译，生活·读书·新知三联书店，2014 年，第 87—88 页。

15　大冢信一：《我与岩波书店：一个编辑的回忆（1965-2003）》，杨晶、马健全译，生活·读书·新知三联书店，2014 年，第 96—97 页。

16　大冢信一：《我与岩波书店：一个编辑的回忆（1965-2003）》，杨晶、马健全译，生活·读书·新知三联书店，2014 年，第 340 页。

17　大冢信一：《我与岩波书店：一个编辑的回忆（1965-2003）》，杨晶、马健全译，生活·读书·新知三联书店，2014 年，第 281 页。

18　安倍能成：《岩波茂雄传》，杨琨译，生活·读书·新知三联书店，2014 年，第 272 页。

第四部分：

昭和之前，平成之后

可能会有不少日本人和我有一样的想法，如果那个男人还活着，当年的日本政府也应该会变得更加开放与民主吧。

——内田树

△ 坂本龙马（1836—1867）

昭和风、平成雨

从幕末走向令和的坂本龙马 ◇

○ 受冷落的明治维新

2018 年即平成三十年，也是明治维新 150 周年。

一般而言，日本官方及学术界都将 1868 年 4 月 6 日明治天皇正式颁布《五条御誓文》作为明治维新的正式开端。在这份简短的文件中，明治天皇第一次正式表明了除弊立新，迎合世界大势的宏愿。之前一年即 1867 年的 10 月，幕府将军德川庆喜已同意大政奉还，但倒幕派与佐幕派的战争仍不可避地爆发了。倒幕派在京都附近的鸟羽伏见取得了决定性胜利，原幕府势力被宣布为"朝敌"，戊辰战争随即全面爆发。在《五条御誓文》颁布五天后，幕府方面同意将江户城移交给新政府即

"江户无血开城"。之后，虽然战争在日本的东北以及北海道地区蔓延了一段时间，但胜负的大局已定。1968 年 10 月，明治天皇移住江户并将其改名为东京。

平成三十年 10 月 23 日，在东京永田町宪政纪念馆举行了"明治维新 150 周年纪念大会"。首相安倍晋三作出席并发表讲话，出席者还有其他政府官员及国会议员约 350 人。安倍首相在讲话中，称赞："明治时代的先贤英勇果断，依靠不懈的努力和奋斗，对世界敞开胸怀，打开了新时代的大门。希望现在年轻一代抓住宝贵机会，多接触我国近代化新鲜事物，通过各种渠道去学习这些宝贵的经验。"同时，他还认为相较于西方国家，日本在极短的时间内完成了近代化，因此今天的日本人理应为此感到骄傲自豪。[1]

在中国长久以来的历史教育中，总将明治维新与洋务运动放在一起进行比较，前者是成功的代表，而后者当然是失败的范本，"倒幕"与"维新"则几乎可以等而观之。适逢明治维新 150 周年这样的重大历史节点，举国上下热闹庆祝理应是自然之事。根据《产经新闻》的统计，2017 年时就有 106 本与明治维新相关的书籍先后出版。2018 年 NHK 的大河剧当然也是以明治维新重要人物西乡隆盛为主角的《西乡殿》。日本全国范围内，也确实有不少庆祝纪念活动。不过，若细细观察，便

△ 有栖川宫帜仁亲王手书的《五条御誓文》原本，内容包括：一、广兴会议，万机决于公论；二、上下一心，盛行经纶；三、官武一途以至庶民，各遂其志，使人心不倦；四、破除旧有陋习，以天地之公道为依归；五、广求知识于世界，大振皇国之基业。

资料来源：「高松宫藏版　帜仁亲王行实」（1933 年出版）。

可发现其热度似乎并没有外人尤其是中国人想象中那么高。

2017 至 2018 年间，日本国内积极主办各类纪念活动的地区主要局限于当时倒幕势力所在的旧"萨长土肥"即鹿儿岛县、山口县、佐贺县及高知县。其中，山口县便是安倍晋三的故乡，也是他现在选区的所在地。至于其他地区，尤其是东北各县对纪念活动就完全显得意兴阑珊。这些地区因支持幕府，在戊辰战争中被称为"贼军"，属于传统明治维新历史叙述中被贬低而至遗忘的一方。二战结束后，对于明治维新的反思之声也越来越多，有识之士也开始意识到明治维新的种种副产品与此后日本帝国主义对外扩张道路之间的因果关系。

昭和四十三年即 1968 年，明治维新 100 周年的庆祝大典上，昭和天皇、皇后及全体皇族均出席。政府高官、国会议员、外国使团、社会各界名流等一万人出席了这场武道馆举行的浩大典礼。与之相较，挤在宪政纪念馆大厅里举行的"明治维新150 周年纪念大会"显得低调乃至寒酸了不少。更值得注意的是，当时即将退位的平成天皇本人也并未出席这场在平成三十年举行的纪念活动。宫内厅对此的回答的是："政府方面并未知会。"无论具体原因为何，较之经济高速增长的战后昭和时代对明治维新的澎湃热情，平成年间更多是冷静而多元的声音。

2018 年 2 月，时任总务大臣野田圣子在金泽市公开演讲上就发表过与安倍首相截然不同的看法。她表示"即便如今效仿明治维新，也不可能描绘出日本的将来，因此我们理应彻底跟明治维新诀别"，还指出明治日本是一个由少数强人支撑的国家。言外之意，似乎在暗示那是一个弱肉强食、专制威权的年代。[2]著名作家、翻译家内田树在谈论明治维新 150 周年时也有过类似的感慨，他以幕末时代弄潮儿坂本龙马为例，评论道：

坂本龙马的确是幕末时期人气最高的人物……促成萨长同盟，创立日本最初的商社——海援队，这些都是历史事实。在胜海舟的《冰川清话》与幸德秋水的《兆民先生》等文中的一些片段，我们也能感受到龙马是一位具有开阔海洋型格局的人物。被视为龙马献策的"船中八策"中，提到了"建立上下院体制的议会政治、征用有能力的人才、改定不平等条约、制定宪法、设置常备军"，描绘了一幅划时代的近代共和政体构想图。不由得让人想象，如果当年龙马没有被暗杀，而是活了下来，那他很可能是位对后来的明治政府产生重要影响力的政治人物。可能会有不少日本人和我有一样的想法，如果那个男人还活着，当年的日本政府也应该会变得更加开放与民主吧。[3]

1853 年 6 月 3 日傍晚，四艘吐着浓烟的黑色铁船出现在日本神奈川浦贺海岸外。这四艘黑色铁壳舰隶属美国东印度舰队，由佩里海军少将指挥，他此行目的是要求日本官方开国通商。对于这批"不速之客"，德川幕府却也不是完全出乎意料，至少是有心理准备的。早在佩里舰队来航前三年，幕府已经透过荷兰人得知美国早晚会派遣舰队来日本要求"开国"。舰队抵达一个月前，美国舰队曾靠近琉球并勘测小笠原群岛的消息，已传到了江户。不过，由于对西方列强力量缺乏直观认知，当时的幕府并未意识到事态的严重程度。

在浦贺外海上，美国舰队的阴影之巨大出乎日本人的想象。而示威般鸣放的火炮，则让幕府官员惊骇。在见识过黑船枪炮的威猛与美国人咄咄逼人的态度后，幕府不得不与之进行接触。为了应付"外夷"，幕府一边应付着美国人的交涉，一边开始将江户周边的闲散武士都组织起来。当时幕府下令征召江户各地剑馆修行的青年武士，让他们与官兵一道驻守各处，加强防备。其中，来自土佐藩（今四国岛高知县）的武士负责驻守在品川一带。这群武士中，有一位21岁的青年格外引人注目。因为他接近175厘米的身高，在当时的日本已堪称"高大"，以至于在人群中显得极为醒目。这位身形高大的青年便是日后声誉渐隆的坂本龙马。不过，当时他还只是一个初出茅庐，来自四国的乡下武士，并没有意识到改变日本历史的大事正在悄然发生着。

○ 黑船来航

黑船来航前不久，坂本龙马从老家土佐藩出发，前往江户，进行所谓剑术修行。自鸦片战争的消息传到日本后，日本全国开始兴起一股练武的风气，承平日久的武士们出于"攘夷"的忧虑，又开始重燃对武艺的热情，尤其是那些血气方刚的年轻下层武士。坂本龙马的家族起初是土佐当地的富商，之后获得下级武士的身份。因此尽管俸禄微薄，但龙马家境殷实，足以支持他去江户城见世面。在被征召"入伍"后，龙马在给身在土佐老家父亲的信中写道："如此则近日有战。其时，吾当取异国人之首后回国。"[4]

然而，包括龙马在内的广大青年武士却没有等到在"攘夷斗争"中大展身手的机会。1854 年 3 月，德川幕府与佩里正式签订了《神奈川条约》。日本同意开放下田、函馆为通商口岸，持续两个多世纪的锁国体制宣告瓦解。同年夏天，为防备洋人而召集的部队宣告解散，坂本龙马也就从江户返回了土佐老家。之后数年间，龙马除继续研习武艺外，又开始断断续续地接触各类西洋知识，例如炮术及近代航海学常识。大概也就是这时开始，他逐渐从一个血气方刚的"攘夷者"变成了一个务实的"开国派"，甚至放下武士的"自尊"，操起了左轮手枪。

△ 坂本龙马的"爱枪"S&W II 型左轮手枪
资料来源：高知县立坂本龙马纪念馆

1858 年，幕府政权的实际掌控者大老井伊直弼在未取得孝明天皇敕许的情况下，正式签署了《日美修好通商条约》。这使得全国胸怀"攘夷"大志的各级武士大为不满，一时间反对幕府"卖国"的风潮在日本各地转化成了"尊皇攘夷"运动。1860 年 3 月 24 日，十余名激进派浪士在今天东京警视厅正对面的樱田门突袭了井伊直弼的出行队伍，井伊直弼本人现场毙命并被斩首。这场政治刺杀引发举国朝野震动，幕末的乱局由此拉开了序幕。

1861 年，土佐藩的下层武士们也成立了自己的"尊皇攘夷"组织——"土佐勤王党"，坂本龙马亦曾加入其中。当时的龙马绝不会料到，在之后的五六年间他就会迅速成长为幕末时代最重要活动家之一。在短短数年间，他与幕府重臣胜海舟一道创立日本最早的海军学校——"神户海军操练所"，积极引进欧美的先进工业技术。先后创建过从事进出口贸易的企业"龟山社中""海援队"。当然，龙马最重要的事迹是曾斡旋促成了传统世仇萨摩藩与长州藩结成同盟，共同推进当时日本的政治与社会变革。此外，他还提出了日后被视为明治维新政治纲领的《船中八策》，进而成为真正影响日本历史走向的风云人物。前述这一切重大事迹，几乎都被压缩在短短五年之内，迅速而不停歇地发生着。

另外，坂本龙马本人更不会想到，在整整一百年后会有一位来自美国的学者会为他写一部厚厚的传记。1961 年，美国普林斯顿大学教授马里乌斯·詹森的《坂本龙马与明治维新》（*Sakamoto Ryoma and the Meiji Restoration*）正式出版。在这位西方第一流日本研究专家看来，"现代读者在某种程度上都是几十年来'官方'维新史的受害者"[5]詹森的这个说法并不夸张。实际上，明治政府一直试图将其纳入维新的主流意识形态叙述之中，赋予其意义。例如坂本龙马的第一本官方传记《汗血千里驹》，就几乎以半虚构的方式将他描绘成明治维新的伟大先驱。至于明治天皇的皇后梦到龙马之事，更近乎传说，成为将其神格化努力的一部分。而詹森之所以会写一部龙马的传记，除了讲述这位幕末志士的人生故事外，更重要的则是以龙马的视角来重新审视明治维新，还原当时真实的历史情景。考虑到这本书最早的英文版成书于半个多世纪前，作者视角之犀利无疑令人感佩。据说，这部著作甚至影响了历史小说家司马辽太郎所写的小说《龙马来了》。这部小说也是如今大部分日本人对龙马印象的来源。

△ 《汗血千里驹》的目录

资料来源：坂崎鸣々道人『汗血千里驹』、春阳堂、明治 16 年。

○ 倒幕 ≠ 维新

对大部分中国读者来说，"明治维新"常与"洋务运动""百日维新"联系在一起，并互相比较。若将后者视为"失败案例"，那么前者也就自然是"成功之榜样"。而中国人也很容易将德川幕府与保守自闭的清廷划上等号，进而将倒幕与维新视为一体。似乎"倒幕"，自然就是为了实施"维新"。事实上，龙马所处的幕末时代远比这种简单的历史想象要复杂得多。

首先值得一提的是，当时的幕府并非是对外部世界全然无知。相反，在与美国人的最初接触中，江户方面很早就能审时度势地予以应对。1853 年"黑船来航"时，浦贺奉行香山荣左卫门在与佩里舰队参谋长布坎南上校进行第一次谈判时，曾看似无意地提到一句："听说贵国通过地峡的运河已经完工了？"

香山荣左卫门的这句问话，让布坎南极为吃惊。当时美国在巴拿马地峡附近修筑的铁路刚竣工，围绕运河可行性的勘查也才刚刚开始。换言之，当时的幕府已经能够通过各种渠道了解到这方面的情报。这也让布坎南对日本有了刮目相看之感。

1854 年签订《神奈川条约》时，代表幕府负责谈判的"大学头"（类似国子监祭酒）的林复斋只同意在条约的日文版与汉文版上签字，却拒绝在英文版上签字。理由是他完全看不懂英文，无法确认其内容是否准确。这个举动也导致《神奈川条约》的英文版不具有等同日文版、汉文版的国际法效力。因此双方之后又在下田进行了新一轮谈判，签署了补充条约。在这个过程中，以林复斋为代表的幕府官僚展现了非常精明的外交手段。在下田补充条约的交涉过程中，幕府方面修补了《神奈川条约》中的"漏洞"，以诸如同意签署英文版等为交换条件，成功增加了美国人活动范围限于下田方圆七里、函馆方圆五里、禁止从事狩猎等限制条款。而佩里在谈判过程中，也不得不承认美国人在当地确实存在不妥当的行为，主动撤回了进一步的要求。[6]

△ 林复斋所著《墨夷应接录》，完整记录了与美国人进行接触、谈判的全过程。从幕府的角度，完整描述"黑船来航"前后双方谈判全过程，但该史料在明治政府成立后却长期被忽视。

而因擅自签署《日美修好通商条约》引发众怒并遭刺杀的井伊直弼，在佩里舰队来日之初就提出"必须临机应变，积极开展贸易"，主张开国。在詹森看来当时所谓"改革派"与"保守派"的分歧只是在于实施变革的手法和时间、在于由谁来领导的问题，并非是否要实施的问题。换言之，无论是幕府，又或是其反对者都逐步意识到开国变革乃势在必行，幕府方面的认知甚至更早。在开放与否的问题上，双方并没有什么本质不同。而幕末爆发的一系列冲突乃至战争，与其说是意识形态的交锋，莫不如说是另一场权力斗争。斗争的一方自然是统御两个多世纪的德川幕府，另一方则是以萨摩藩、长州藩为代表的地方雄藩。双方斗争的名义既可以是"攘夷"，亦可以是"尊皇"，又或是"维新"。

丸山真男曾将"德川时代"称为"世界史上的特例"，因为"幕藩体制下，'天下泰平'的安定局面持续了两个半世纪以上。在文明高度发达的时期，如此缜密地人为制造出一个'封闭的社会'，并成功持续如此之久是极为罕见的"。[7] 当然，即便是在这类封闭的结构中，矛盾依旧存在，甚至可以隐藏很久。例如萨摩、长州两藩对江户幕府的敌意，甚至可以追溯到1600年的关原合战。在这场决定日本命运的大战中，德川家康率领东军奠定了未来江户幕府的统治基础，而萨摩、长州均属于战败的西军。此役之后，德川家康已经成为了日本实际上的主宰者，彻底消灭大阪城丰臣家残余势力只不过是时间问题而已。那些敢于起兵反抗德川氏的大名，除岛津义弘、锅岛直茂等极少数外，绝大部分都遭到了领土减封乃至除封的严厉处分。尽管如此，这类敌意或矛盾，尚不至于成为摧毁既有统治的力量。然而，西方人砸开锁国体制的尝试，却迅速形成一股打破内在平衡的力量。于是，反对幕府的力量才能借此机会"破茧而出"。起初，这股反对力量使用的旗号是"攘夷"。在遭遇西方人的坚船利炮后，又悄悄换成了"维新"。

事实上，"维新"这个词真正出现的时间并不早。一般认为，最早出现在明治二年即 1869 年 9 月 26 日对萨长土肥众人论功行赏的诏书中："朕惟皇道维新，全赖汝有众之力所资……"当时，明治政府早已宣告成立，最后一任幕府将军德川庆喜已经交权隐退，国内政局大势已定。此外，即便在"维新"一词出现在明治政府的正式文书后，相当长一段时间内提到幕末后一系列政治变革仍会使用"御一新"这类说法。"维新"也好，"御一新"也罢，当然都是站在明治政府角度进行的历史叙述。[8]

著名的日本近现代史作家半藤一利在谈及自己对明治维新的感想时，曾分享过一段儿时的回忆：小时候常去越后长冈祖母家过暑假，该地在倒幕战争中站在拥护幕府的一边，因此被后来的明治政府称为"贼军"。于是，年幼的半藤一利就从祖母哪儿听到了另一个完全不同的维新故事："萨长那帮家伙根本就是一群土匪，不仅找俸禄七万四千石的长冈藩寻衅滋事，最后还抢走了长冈五万石的俸禄。这算什么的官军。那帮人所谓'尊皇'的理由，就跟土匪放的屁一样。"类似评价不仅出自乡下老妇，大文豪永井荷风也曾在自己文章里提过："萨长土肥的浪士提倡不该实行的攘夷论，施巧计拥锦旗颠覆了江户幕府"，并用德川幕府的"瓦解"来取代"维新"这个说法。[9]

相较跟幕府势不两立的萨摩、长州志士，坂本龙马却对幕府体制本身显得相当宽容。1862 年后，他之所以逐渐从"土佐勤王党"淡出，并脱离藩籍，最重要的理由之一就是他对"勤王党"过于激进的行为、政治暗杀的企图心生厌恶。又如在海援队创建之初，约有 50 名成员，"公司分文官、武官、器械官、测量官、领航官、医官、火夫，得五十人"。其成员出身除土佐藩外，还包括越前番、越后番、水户番、纪伊番等，甚至还接纳公开支持幕府者加入。无论是持何种政治立场，但凡愿意推动日本革新者，似乎他都愿意结交共事。至于倒幕，还是佐幕，他同样不愿简单站队。

自 1865 年开始，身为当时最重要海运贸易企业负责人的坂本龙马，就开始积极撮合原本对立的萨摩藩与长州藩和解乃

△ 长崎龟山社中遗址。当时其最大业务之一，就是协助萨长购买、运送西方的先进军火。

▽ 海援队的旗帜

资料来源：高知县立坂本龙马纪念馆

至结成同盟。因为他认为要结束当时日本国内政治乱局，洗刷革新日本政治，势必需要当时这两个最强大的雄藩联合一致。在劝说西乡隆盛时，他慷慨陈词，阐发自己的用心："我们之所以挺身而出为萨长二藩奔走，既非为了你们两藩着想，也不是为了自身的名利，而是为了这个国家。相信你们各自都有各自的主张，但能否先将这些小事放到一边，展现你们的赤诚之心，为天下兴亡而共论将来呢？"尽管一手促成了"萨长同盟"，但龙马对日本未来的政治构建却与之后的明治政府大相径庭。他提出著名的《船中八策》时，有一个重要的政治前提即日本国内的政治体制应从传统的幕府独裁和平过渡到集体领导。

龙马"本人也寄希望于通过提出这一系列政策来降低动用武力来倒幕的可能性。坂本认为完全可以通过承认旧幕府势力在未来日本政治格局仍保有一席之地，来换取现在的将军主动交出权力，而无需兵戎相见。"[10]坂本龙马所设想的理想状态是依照《船中八策》的规划，国家权力从幕府转移给大名会议。而幕府作为力量最强大的大名之一，依旧能在政坛发挥影响力，从而使国家能持续保持稳定，集中国力于革新进步。"这些观点不可能得到坂本的长州朋友和萨摩朋友的支持，因为他们可能有取代德川幕府的野心。"[11]

之后，《船中八策》的主要内容被以土佐藩的名义上呈幕府。

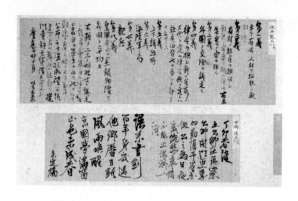

△ 坂本龙马的《新政府纲领八策》（即船中八策）
资料来源：日本国立国会图书馆。

1867 年 10 月，幕府将军德川庆喜接纳进言，同意"大政奉还"，即将幕府的统治权力名义上还给天皇的朝廷。仅仅一个月后，11 月 15 日，坂本龙马与另一位土佐脱藩武士中冈慎太郎在京都近江屋密会时突遭刺杀，死时年仅 32 岁。一年多前，他刚经历过另一场暗杀，凭借怀中的左轮手枪，躲过一劫。而此次袭击者是幕府的治安组织"京都见回组"，但幕后真凶一直众说纷纭。时隔一个半世纪，若做一番历史推理，不难发现当时的龙马其实已渐渐走向萨长势力的反面，因为他是当时最旗帜鲜明并坚决反对武力讨幕的政治人物。作为萨长同盟最积极的撮合者，如今却不

昭和风、平成雨

同意发动讨幕战争，其在政治上可能造成的影响力毋容置疑。实际上，在他提出《船中八策》之时，萨摩与长州武力推翻幕府的计划已在酝酿之中。[12]

在坂本龙马遇刺仅一周后，长州藩领袖、日后维新三杰之一的木户孝允曾在一封信中如此写道："时机一到，我方抱得宝玉乃千载大事，万一由对方抢夺，纵然抱着再大的觉悟，眼下四方志士、壮士之心都会遭受扰乱，舞台也势必垮塌。"所谓"宝玉"即指当时刚刚即位的明治天皇。伴随着坂本龙马的死去，随之而来的就是一场以"王政复古"与"天皇"名义发动的政变以及戊辰战争。即便是推崇明治时代丰功伟绩的司马辽太郎也说过："在幕末这个如履薄冰的时代，萨长的举动确实算是一种暴力。"[13]

除了鸟羽伏见、会津以及北海道外，整场战争并不算特别激烈，尤其是德川庆喜选择了投降，和平交出了江户城。若非如此，坂本龙马所忧虑的血雨腥风恐怕在所难免。詹森则将之称为"明治政府改革派的幸运"，因为"当时有像山内容堂和庆喜将军这样的人，他们虽然被挤到一边，但是却基本同意改革者的计划，而且这些人有种历史的使命感，能够从容而体面地退出历史舞台"。正因为这个原因，明治时代与之前的幕藩体制之间仍有很强的延续性，例如丸山真男所描述的："明治

政府在幕藩体制的家臣官僚制的延长线上嫁接上了近代的专业官僚体制。" [14]

在激荡的幕末历史中，坂本龙马短暂的一生显得尤为绚丽。他既当过攘夷志士，又最早拥抱西洋文明。他不仅放下武士刀，摆弄起手枪，第一次使用《万国公法》来处理海事纠纷，甚至还是最早一批开始穿靴子、带妻子度蜜月的时髦日本人。虽然是武士出身，但并不妨碍他去做生意，投身实业兴国。尽管他一手促成萨长同盟，但他既没有参与倒幕一方，也没有参加幕府一方。单就"历史功绩"又或是个人能力而言，较之"维新三杰"的木户孝允、大久保利通又或是西乡隆盛，坂本龙马确实谈不上有什么特别过人之处。虽然他从小就被视为是一流的剑客，但他早早就换成了手枪。虽然他是近代日本海军最早的缔造者之一，但他一辈子只参加过一次规模不大的实战。他短暂一生的精力似乎主要都用于乱世之中的合纵连横。另一方面，近年来也有日本学者对坂本龙马在幕末维新运动中的重要性提出疑问，认为其与龟山社中的关联性薄弱，甚至怀疑之后"船中八策"也存在虚构的可能性。 [15]

著名心理学家河合隼雄在分析日本人集体心理时，曾指出过一个有趣的现象即日本人往往不喜欢在集团内出现一个集权式的统合型领导人。相反，日本人认为集体领导人最重要任务

昭和风、平成雨

△ 2010 年由日本男星福山雅治出演的大河剧《龙马传》

并不是统领众人，又或是十八般武艺样样精通，而是充分发挥协调作用。日本人的这种喜好倾向如此之强，以至于"在欧美人看来，看似无能之辈居然能坐上集团领袖的宝座，实在匪夷所思"。[16] 然而，此间道理若用美国学者傅高义的话来说，就是"在日本，除非你取得了一定程度的共识，否则无法真正采取行动"。[17]2008 年，在 NHK 组织的"日本人最喜爱的历史人物"评选中，坂本龙马超越其他明治维新前后的著名历史人物，位列第三。这或许也是在某种意义上，映衬着河合隼雄的判断。

○　**令和时代的龙马？**

2019 年 7 月，日本举行了第 25 届参议院选举。这也是令和时代第一次重要的全国性选举。自民党与公明党的执政联盟虽然成功保住了半数以上的席位，却未能达到所谓"修宪门槛"（即三分之二席位）。另一方面，以立宪民主党、国民民主党为代表的在野党势力同样乏善可陈，且无团结之可能。其间，最引人瞩目的倒是新兴小党"令和新选组"（れいわ新選組）的崛起。

这个 2019 年 4 月才成立的小党，在成立后不到一周的时间内就募集到了 2 亿日元的政治资金，其中绝大部分都是 1 万日元以下的小额捐款。在参议院选举中，"令和新选组"一共拿到了超过 200 万张选票，得票率达到 4.55%，远远超过 2%的政党门槛，共有两人顺利当选。虽然看似席位不多，但对于一个成立仅三个月的小党来说，这种成绩在日本政治选举史上也是罕见的。更让世人惊讶的是，当选的两位候选人都是残障人士，分别是身患肌萎缩性脊髓侧索硬化症（ALS）的船后靖彦与下半身因事故而瘫痪的木村英子。其中，船后靖彦成为了世界第一位当选国会议员的肌萎缩性脊髓侧索硬化症患者。而该党的党主席、整场选战的操盘者是演员出身的山本太郎。他本人在这次参议院选举获得了 991756 张个人选票，为所有全国比例代表候选人得票最高者。不过，为了贯彻"令和新选组"残障候选人优先的原则，将位列党内提名头两位的船后靖彦、木村英子送进了国会，列在第三位山本太郎因此落选。尽管如此，山本太郎和"令和新选组"在全国声势却并未消散，反而有愈演愈烈的趋势，以至于很多日本人将之称为"山本太郎现象"。

　　1974 年出生的山本太郎来自兵库县宝冢市，中学时代就开始涉足演艺事业，凭借阳光帅气的外貌逐渐开始有了名气。1996 年参演了 NHK 晨间剧《双胞胎》（ふたりっ子），2000 年出演了北野武的知名电影《大逃杀》，由此渐渐在日本全国开始积累知名度。而"令和新选组"这个古怪的政党名字，或许是源自山本太郎2004年出演的NHK大河剧《新选组！》。所谓"新选组"是日本幕末时期亲幕府武士组成的武装团体，负责维持当时京都地区治安。在之后爆发戊辰战争中，新选组继续选择支持幕府一方，其主要成员几乎参加了从鸟羽伏见、甲州胜沼、宇都宫及会津的历次重大战役。最后，其残余势力在北海道坚持抵抗，甚至曾建立过所谓"虾夷共和国"与明治政府分庭抗礼。二战后，曾经被视为"贼军"的新选组，因此传奇、跌宕的历史成为历史小说、影视剧偏爱的题材，进而逐步被浪漫化甚至被不少日本民众视为"豪气""侠义"的化身。而曾经出演过大河剧《新选组！》的山本太郎将自己的新政党命名为"令和新选组"，自然是希望能借用广大民众心中对新选组浪漫化的历史想象。

山本太郎的从政之路始于2011年福岛第一核电厂发生事故之后，基于反核的理念，他退出所在的演艺事务所，投身反核电的社会运动。一年后，又以无党派身份参加众议院选举，但最终落选。2013年，他再次参加参议院选举，在没有任何主要政党支持的情况下，以超过66万票、全国得票第4高位，顺利当选。当选后，山本太郎曾对《朝日新闻》的记者说过："不仅在核电站问题上，还有贫困问题和劳动问题等让很多人觉得这个社会不正常。我若走遍全国的话就能和这些人以及那些全

△ 成为《新闻周刊》日本版封面人物的山本太郎

资料来源：Newsweek（ニューズウィーク日本版）2019 年 11/5 号 [山本太郎现象]。

民运动紧密联系在一起。因此不想取得政权是不行的，尽管现在仅有一个议席。可能有人觉得我是个傻子，但是我认为必须取得政权，否则什么也不会改变。"

　　这位毫无政治经验的政坛"异端儿"自从政之始，就没再也没有安分过。2013年10月，利用参加天皇秋季游园会的机会，破天荒地当面向天皇本人递交陈述核电安全问题的书信。2015年9月，因强烈反对自民党推动的"安保方案"，在国会投票时身穿丧服，手握佛珠，暗示要为"和平日本"送终。2016年1月，在国会上公开声援因兴建奥运场馆而被强制驱离的无家可归者。反对核能发电、反对《全面与进步跨太平洋伙伴关系协定》（TPP）、反对削减社会福利、反对修改和平宪法、反对总理等内阁成员参拜靖国神社、反对《特定秘密保护法》；赞成废止消费税，甚至组建了"消费税减税研究会"；赞成设立夫妻别姓制度（即婚后女性毋需改姓）、要求提高最低工资标准。在大部分日本传统政党和政客看来，山本太郎的言行与主张近乎"民粹式"的恶搞。然而，这并不妨碍令和新选组成为平成、令和新旧时代交替之时日本网络声量最大的新兴政治团体。尽管被传统媒体视为"哗众取宠者"，但山本太郎本人依旧是社交平台上最活跃、最受追捧的政治人物，甚至有网友将其与幕末时代"奇男子"坂本龙马相提并论。

除了都无惧世俗之见、喜欢标新立异外，山本太郎与坂本龙马确实有一段"孽缘"。在2004年的大河剧《新选组！》中，山本太郎饰演了新选组第十队组长原田左之助。而关于坂本龙马之死，曾有这么一种说法：新选组在龙马遇刺前就曾听到风声，局长近藤勇担心龙马若遭不测，则会导致内战不可避免地爆发。于是，曾派遣武艺高强的原田左之助等人去秘密保护龙马，但新选组众人晚到了一步。大河剧《新选组！》便采用了这种说法，山本太郎饰演原田左之助赶到近江屋时，知名男星江口洋介饰演的坂本龙马已倒在血泊之中。

　　2019年7月的某个电视节目上，著名新闻评论员、学者池上彰曾向山本太郎提出一个非常犀利的问题："你为什么要选择'新选组'这样一个名字？这难道不是一个为了守护旧体制而成立的组织吗？"言下之意便是山本太郎一方面标榜政治革新进步，结果却借用"新选组"这个保护幕府旧体制组织的名字，岂不是自相矛盾。面对老牌媒体人抛来的尖锐问题，山本太郎的回答倒也非常干脆："我不觉得这有什么问题。当时也有很多人以维新之名在幕府政府里做了好事。"[18]

　　山本太郎未来的政坛之路究竟如何，尚难预料。他能否成为令和时代的坂本龙马，同样不好说。不过，他的一言一行肯定会充满话题性，亦如当年的坂本龙马那般特立独行。所谓"山

△　日本啤酒公司推出的"龙马1865"无酒精啤酒（作者摄）

本太郎现象"之所以能形成，或正源自于对这类"异端儿"所特有的独特政治魅力。

　　历史实景中的坂本龙马与明治维新的关系一直是若即若离，甚至会站在讨幕派的反面，犹若其自由洒脱、无拘无束的性格。在明治维新过去150年后，他的这种性格似乎更与平成末年的新日本暗合，以至于当代的日本人也会对这种别具一格的政治人物充满浪漫主义的憧憬。

昭和风、平成雨

◎　本章尾注

1　「明治 150 年記念式典安倍内閣総理大臣式辞」，内閣官房内閣広報室，2018 年 10 月 23 日，
　　https://www.kantei.go.jp/jp/98_abe/statement/2018/_00034.html。

2　「野田聖子氏政府姿勢を疑問視」，『朝日新聞』，2018 年 1 月 15 日，https://www.asahi.
　　com/articles/ASL1H5SRHL1HUTFK00S.html。

3　《被谈论至今的"活着的历史"——明治维新 150 周年之际对话内田树》，观察者网，2018
　　年 9 月 8 日，https://user.guancha.cn/main/content?id=34594&page=1。

4　马里乌斯·詹逊：《坂本龙马与明治维新》，曾小楚译，上海三联书店，2019 年，第 79 页。

5　马里乌斯·詹逊：《坂本龙马与明治维新》，曾小楚译，上海三联书店，2019 年，第 389 页。

6　林復斎『墨夷応接録：江戸幕府とペリー艦隊の開国交渉』，作品社，2018 年。

7　丸山真男：《丸山真男讲义录》（第六册），唐永亮译，四川教育出版社，2017 年，第 155 页。

8　半藤一利：《幕末史》，黄林雅译，（中国台湾）远足文化，2017 年，第 7—8 页。

9　半藤一利：《幕末史》，黄林雅译，（中国台湾）远足文化，2017 年，第 6 页。

10　马里乌斯·詹逊：《坂本龙马与明治维新》，曾小楚译，上海三联书店，2019 年，第 347 页。

11　马里乌斯·詹逊：《坂本龙马与明治维新》，曾小楚译，上海三联书店，2019 年，第 365 页。

12　半藤一利：《幕末史》，黄林雅译，（中国台湾）远足文化，2017 年，第 381—384 页。

13　半藤一利：《幕末史》，黄林雅译，（中国台湾）远足文化，2017 年，第 8 页。

14　丸山真男：《丸山真男讲义录》（第六册），唐永亮译，四川教育出版社，2017 年，第 170—171 页。

15　「龍馬と亀山社中、関係薄い？　船中八策は虚構の可能性」，『朝日新聞』，2018 年 2 月 6 日，
　　https://www.asahi.com/articles/ASL2P4SDXL2PULZU00K.html。

16　河合隼雄：《民间传说与日本人的心灵》，范作申译，生活·读书·新知三联书店，2018 年，
　　第 206 页。

17　Ezra Vogel，*Is Japan Still Number One*，Pelanduk Publications，2001，p.87.

18　「政権取る意欲もないのに政治家になる人っているんですかね？」，『スポーツ報知』，
　　2019 年 7 月 21 日，https://hochi.news/amp/articles/20190721-OHT1T50388.html。

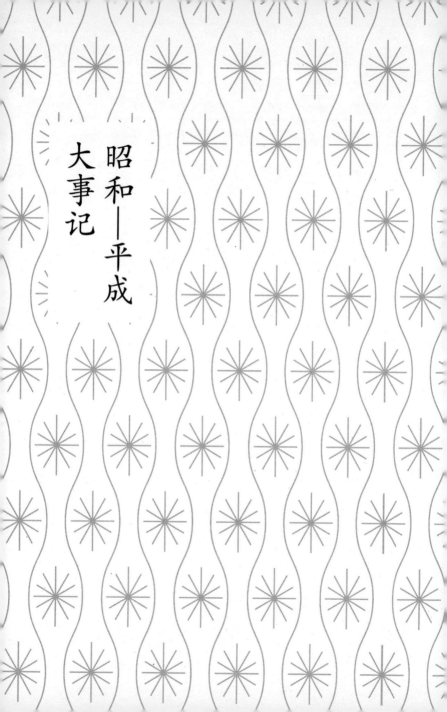

昭和—平成
大事记

日本年号	公元	大事记
大正十五年 昭和元年	1926	1月，首相加藤高明急病去世，若槻礼次郎接任。 12月，大正天皇去世，新年号为"昭和"。
昭和二年	1927	1月，致力于"部落解放运动"的水平社成立。 3—4月，"昭和金融恐慌"蔓延，多家银行接连倒闭。 若槻内阁总辞，田中义一内阁成立。 5月，日本出兵中国山东。 6月，宪政会政友会合并，立宪民主党成立。 7月，著名作家芥川龙之介自杀。 8月，第一次通过广播转播甲子园高中棒球比赛。
昭和三年	1928	2月，众议院进行第一次全民普选。 3月，全国开始大规模检举日本共产党党员。 4月，济南事件。 6月，皇姑屯事件，张作霖遭日本关东军暗杀。 7月，日本全国府县均开始设立特别高等警察。
昭和四年	1929	7月，昭和天皇因皇姑屯事件斥责田中义一，田中内阁总辞，滨口雄幸内阁成立。 10月，美国股市出现历史性下跌。世界经济大萧条严重冲击日本。
昭和五年	1930	1月，日本恢复金本位。 2月，第十七届众议院选举举行，民政党获得压倒性胜利。 4月，日本签署《伦敦海军条约》。 10月，中国台湾发生"雾社事件"。 11月，滨口雄幸遇刺重伤。
昭和六年	1931	4月，第二次若槻内阁成立。 9月，"九一八事变"爆发，日军侵占中国东北。 12月，犬养毅内阁成立。

昭和七年	1932	1月，"一·二八"淞沪抗战爆发。 2月，发生"血盟团事件"，原大藏大臣井上准之助遭暗杀。 3月，伪"满洲国"成立。同月，三菱财阀总帅团琢磨遭暗杀。 4月，上海虹口公园爆炸事件。日军上海占领军总司令白川义则被炸死。 5月，"五·一五事件"爆发，首相犬养毅遇刺身亡。斋藤实内阁成立。
昭和八年	1933	2月，左翼作家小林多喜二死于特高警察的监狱。 3月，日本正式退出国际联盟。 10月，第一次"五相会议"举行。 12月，日产汽车的前身"自动车制造株式会社"成立。
昭和九年	1934	4月，"天羽声明"发表，被各国认为是亚洲版的"门罗主义"。 7月，斋藤内阁因涉嫌不法借贷的"帝人事件"而总辞，冈田启介内阁成立。 11月，日本陆军举行特别大演习。
昭和十年	1935	1月，苏联向日本转售中东铁路。 4月，东京大学法学教授美浓部亮吉的"天皇机关说"开始遭到批判。 6月，《何梅协定》《秦土协定》签订。 8月，陆军省军务局长永田铁山遭皇道派军官刺杀。
昭和十一年	1936	2月，"二二六事件"爆发，东京发布戒严令。 3月，广田弘毅内阁成立。 5月，军部大臣现役武官制恢复。 7月，日本职业棒球联盟开幕。 8月，七三一部队的前身"关东军防疫部"成立。

昭和十二年	1937	1月，广田弘毅内阁总辞。因陆军反对，宇垣一成组阁失败。 2月，林铣十郎内阁成立。 4月，第20届众议院选举举行。 5月，林内阁总辞。 6月，近卫文麿内阁成立。 7月，"卢沟桥事变"爆发，日本全面侵华开始。 8月，淞沪会战爆发。 12月，日军攻陷南京，制造大屠杀。
昭和十三年	1938	1月，"第一次近卫对华声明"发表，宣称不以国民政府为交涉对象。 4月，颁布《国家动员法》。 5月，台儿庄战役。 6月，武汉会战爆发。 7月，张鼓峰事件爆发。 11月，"岩波新书"系列出版。 12月，日军开始对重庆实施战略轰炸。
昭和十四年	1939	1月，近卫内阁总辞，平沼骐一郎内阁成立。 5月，关东军在诺门坎与苏军爆发武装冲突。 7月，颁布《国民征用令》。 8月，阿部信行内阁成立。
昭和十五年	1940	1月，阿部内阁总辞，米内光政内阁成立。 7月，米内内阁总辞，第二次近卫内阁成立。 9月，日本与德国、意大利缔结轴心国同盟。日军入侵法属印度支那。 10月，大政翼赞会成立，其他所有政党均遭取缔。
昭和十六年	1941	3月，日美谈判开始。 4月，日苏签订中立条约。 7月，第二次近卫内阁总辞，第三次近卫内阁成立。 10月，第三次近卫内阁总辞，东条英机内阁成立。 12月，日军偷袭珍珠港，太平洋战争爆发。

昭和十七年	1942	1月，日军攻占马尼拉。 2月，日军攻占新加坡。 4月，美军第一次空袭东京。 6月，中途岛海战爆发，日军惨败。 8月，所罗门海战爆发。
昭和十八年	1943	2月，日军被迫放弃瓜达尔卡纳尔岛。 4月，山本五十六死于美军袭击。 12月，征兵对象扩大，大学生、高中生开始被动员征兵。
昭和十九年	1944	4月，日军在中国战场发动"一号作战"，企图打通大陆交通线。 6月，美军登陆塞班岛。 7月，东条内阁总辞，小矶国昭内阁成立。 10月，莱特湾海战及雷伊泰岛战役爆发，美军获得决定性胜利。
昭和二十年	1945	2月，美军登陆硫磺岛。 3月，东京大空袭。 4月，美军进攻冲绳。小矶内阁总辞，铃木贯太郎内阁成立。 5月，美军再次对东京实施大规模空袭。 7月，盟军发布《波茨坦宣言》。 8月，广岛、长崎先后遭原子弹袭击。苏联对日宣战。15日，日本接受《波茨坦宣言》，无条件投降。铃木内阁总辞，东久迩宫稔彦王内阁成立。 9月，联合国军最高司令官麦克阿瑟正式进驻东京。 10月，联合国军最高司令官司令部（以下简称GHQ）成立，宣布有关民主化的五大改革。东久迩宫内阁总辞，币原喜重郎内阁成立。
昭和二十一年	1946	1月，昭和天皇发表《人间宣言》。 2月，颁布《公职追放令》。 4月，第二十二届国会大选举行。币原内阁总辞。 5月，吉田茂内阁成立。远东国际军事法庭开庭。 11月《日本国宪法》正式颁布，于次年5月3日施行。

昭和风、平成雨

昭和二十二年	1947	1月，GHQ下令禁止举行"2·1大罢工"。 4月，第23届众议院选举举行。 5月，片山哲内阁成立。《日本国宪法》开始实施。 9月，《劳动基准法》开始实施。 12月，内务省撤消。
昭和二十三年	1948	3月，芦田均内阁成立。 10月，芦田均因昭和电工丑闻辞职，第二次吉田茂内阁成立。 11月，远东国际军事法庭判处东条英机等25名战犯有罪。
昭和二十四年	1949	3月，"道奇计划"正式提出。 4月，东京证券交易所成立。同月，确定1美元兑换360日元的汇率。 5月，GHQ指示吉田茂内阁制定《定员法》，准备对包括国铁在内的机构进行大裁员。 7月，国铁总裁下山定则死于非命。十日后，发生"三鹰事件"。次月，发生"松川事件"。 12月，京都大学教授汤川秀树获颁诺贝尔物理学奖，成为第一位获得诺贝尔奖的日本人。
昭和二十五年	1950	6月，日本放送协会NHK改为特殊法人。 7月，GHQ指示成立警察预备队，并扩充了海上保安厅。 8月，黑泽明执导的《罗生门》上映，一年后荣获威尼斯电影节金狮奖。
昭和二十六年	1951	1月，第一届新年红白歌会举行。 3月，日本第一部彩色电影《卡门返乡》（カルメン故郷に帰る）上映。次月，东映正式成立。 4月，麦克阿瑟被免职。 9月，日本与各国签署《旧金山条约》。《日美安全保障条约》签订。

昭和二十七年	1952	4月，手冢治虫的漫画《铁臂阿童木》(鉄腕アトム) 开始连载。 5月，"血腥五一事件"，游行群众与警察爆发冲突。 7月，《防止破坏法》颁布。 8月，日本加入国际货币基金组织（IMF）。 10月，黑泽明执导的《生之欲》(生きる) 上映。
昭和二十八年	1953	2月，日本第一个电视频道开播。 6月，首次进行电视直播。
昭和二十九年	1954	3月，渔船"第五福龙丸"在比基尼环礁附近受美国氢弹试验波及。 7月，成立防卫厅，自卫队建立。新《警察法》开始是实施。 12月，鸠山一郎内阁成立。
昭和三十年	1955	1月，讲谈社的少女漫画杂志《好朋友》(なかよし)发行。 3月，第二届鸠山内阁成立。 5月，岩波书店发行《广辞苑》辞典。 9月，日本正式加入关贸总协定。 10月，左右翼的社会党统一。 11月，主要保守政党合并成立自由民主党，开启"五五年体制"。
昭和三十一年	1956	2月，《周刊新潮》创刊。 7月，《经济白皮书》公布，宣示"不再是战后"。 10月，日本与苏联正式恢复邦交。 12月，联合国接纳日本为正式成员。鸠山内阁总辞，石桥湛山内阁成立。
昭和三十二年	1957	1月，日本科考队第一次登上南极大陆。 2月，石桥湛山因病辞职，岸信介内阁成立。
昭和三十三年	1958	1月，东京都内学校开始配发牛奶。 3月，松山芭蕾舞团访华，演出《白毛女》。 5月，第28届众议院选举举行。 8月，日清公司推出了世界上第一款方便面。 12月，东京塔完工。

昭和三十四年	1959	3月，阻止修改安保条约国民会议成立。 4月，皇太子与正田美智子结婚。《周刊文春》创刊。 6月，昭和天皇现场观看职业棒球比赛。 7月，《朝日新闻》第一次报道了水俣病问题。
昭和三十五年	1960	5月，自民党在国会计划强行通过日美新安保条约，警察进入众议院会场维持秩序。 6月，日本全国范围内爆发大规模反对安保条约的示威游行。 7月，岸信介内阁总辞，池田勇人内阁成立，出现第一位女性大臣。 10月，社会党委员长浅沼稻次郎遭右翼分子刺杀身亡。 11月，第29届众议院选举举行，自民党保住多数议席。 12月，池田内阁宣布"国民收入倍增计划"。
昭和三十六年	1961	4月，NHK第一部晨间剧播出，首部作品为《女儿与我》（娘と私）。 9月，三船敏郎获颁威尼斯电影节最佳男主角奖。
昭和三十七年	1962	2月，东京人口突破1000万，成为全世界第一个人口破千万的都市。 3月，全日本电视信号覆盖人口超过1000万。 10月，"奥运景气"开始。
昭和三十八年	1963	1月，动画《铁臂阿童木》开播。 4月，NHK第一部大河剧播出，首部作品为《花的一生》（花の生涯）。 6月，歌手坂本九的《昂首向前走》（上を向いて歩こう）登上美国Billboard热门歌曲榜第一名，至今仍是唯一一夺冠的日本歌曲。 7月，政府发表《迈向先进国家之路》经济发展白皮书。日本第一条高速公路名神高速"栗东-尼崎"段开通。 11月，第30届众议院选举举行。

昭和三十九年	1964	4月,日本加入经济合作与发展组织(OCED)。同月,日本人海外旅行自由化。 10月,东京奥运会举行。东海道新干线通车。 11月,佐藤荣作内阁成立。
昭和四十年	1965	6月,日韩恢复邦交。 10月,日本第一部彩色电视动画《森林大帝》(ジャングル大帝)开播。 12月,日本当选为联合国安理会非常任理事国。
昭和四十一年	1966	3月,日本人口突破1亿。 7月,日本政府决定征用成田市三里冢作为新机场建设用地。"三里冢斗争"开始。 12月,因"黑雾事件",众议院提前解散。
昭和四十二年	1967	1月,第31届众议院选举举行。 2月,第二次佐藤荣作内阁成立。 4月,美浓部亮吉当选为东京都知事。
昭和四十三年	1968	2月,反对建设成田机场集会举行。 7月,集英社《周刊少年Jump》创刊。 12月,作家川端康成获颁诺贝尔文学奖。同月,发生"三亿日元抢劫事件"。
昭和四十四年	1969	1月,东京大学安田讲堂事件,学生与警察爆发激烈冲突。 11月,佐藤荣作与尼克松发表共同声明,表示1972年美国将向日本归还冲绳主权。 12月,漫画《哆啦A梦》(ドラえもん)开始连载。
昭和四十五年	1970	3月,世界博览会在大阪举行。 6月,日美安保条约自动延长。 11月,作家三岛由纪夫在煽动自卫队兵变失败后自杀身亡。 12月,冲绳居民与美军宪兵发生大规模冲突。
昭和四十六年	1971	7月,为应对各类公害事件,正式成立环境厅。 6月,《归还冲绳协定》签署。 9月,昭和天皇出访欧洲。

昭和四十七年	1972	1 月，《日美纤维协定》签署。 2 月，札幌冬奥会举行。同月发生浅间山庄事件，最终导致 3 人死亡。 5 月，冲绳正式归还，恢复设县。 7 月，田中角荣内阁成立。 9 月，田中角荣访华，两国发表联合声明，实现邦交正常化。 10 月，熊猫"康康""兰兰"入住上野动物园，引发社会热潮。
昭和四十八年	1973	2 月，日元过渡至浮动汇率制。 8 月，韩国情报人员在东京绑架金大中。 11 月，第一次石油危机爆发，日本经济出现短期波动。
昭和四十九年	1974	3 月，交通工会发动总罢工。 11 月，田中角荣宣布下野。同月，美国总统福特访日。这是美国在任总统第一次访日。 12 月，三木武夫内阁成立。
昭和五十年	1975	3 月，山阳新干线通车。 9 月，昭和天皇访美。
昭和五十一年	1976	7 月，因洛克希德政治献金问题被揭露，田中角荣被捕。 12 月，福田赳夫内阁成立。
昭和五十二年	1977	7 月，文部省在正式文件中第一次规定《君之代》为日本国歌。 9 月，读卖巨人队的王贞治击出生涯第 756 支本垒打，打破世界纪录，获颁首届日本国民荣誉赏。
昭和五十三年	1978	5 月，成田机场正式起用。 8 月，《中日和平友好条约》正式签署。 12 月，大平正芳内阁成立。
昭和五十四年	1979	1 月，日本政府第一次表示考虑设立消费税。 4 月，动画《机动战士高达》(機動戦士ガンダム)开播。 7 月，索尼开始发售世界第一台便携式音乐播放器"Walkman 随身听"。

昭和五十五年	1980	2月，自卫队第一次参加环太平洋联合军演。 4月，偶像歌手松田圣子推出首张专辑。 7月，铃木善行内阁成立。
昭和五十六年	1981	9月，诺贝尔物理学奖得主汤川秀树去世。
昭和五十七年	1982	6月，东北新干线部分通车。 11月，中曾根康弘内阁成立。
昭和五十八年	1983	1月，中曾根康弘访韩，与全斗焕总统共同发表《日韩新时代》声明。 4月，东京迪士尼乐园开幕。 7月，任天堂 Famicom 游戏机发售。 10月，田中角荣获刑 4 年。
昭和五十九年	1984	9月，韩国总统全斗焕访日。昭和天皇在国宴上对历史问题表示"遗憾"。
昭和六十年	1985	8月，日本航空 123 号班机空难，多达 520 人死亡，成为单一飞机的空难中死伤人数最多的事故。 9月，《广场协议》正式签订。
昭和六十一年	1986	4月，《男女雇佣机会均等法》开始施行。 5月，七国集团峰会在东京举行。 8月，漫画《樱桃小丸子》（ちびまる子ちゃん）开始连载。 10月，政府决定实施"国铁改革基本方针"，推行民营化。 12月，日本国防预算首次突破国民生产总值 1% 的限制。
昭和六十二年	1987	3月，偶像歌手中森明菜获颁第一届日本金唱片大奖。 4月，根据国土厅调查东京地价同比猛涨 76%，达到历史最高点。国铁私有化实施。同月，自民党在第 11 届地方统一选举中败北。 5月，《朝日新闻》阪神支局遭极端分子袭击。 11月，首相中曾根康弘卸任，竹下登接任。

昭和六十三年	1988	7月，"利库路特丑闻"曝光，涉及包括中曾根在内的多名自民党政要。同月，自卫队潜水艇在横须贺港内与民间游船发生冲撞事故，造成30人死亡。 9月，由于昭和天皇健康情况恶化，皇太子德仁开始代行国事。
昭和六十四年 平成元年	1989	1月，昭和天皇去世。皇太子德仁即位，改元平成。 4月，开始实行税率为3%的消费税。 6月，宇野宗佑内阁成立。同月，国民级歌手美空云雀去世。 7月，自民党在参议院选举中大败，未能保住过半席位。 8月，宇野宗佑因丑闻辞职，海部俊树内阁成立。同月，警方以诱拐、杀人及尸体遗弃正式逮捕杀害四名女童的宫崎勤。 10月，三菱地所收购了美国纽约克莱斯勒大厦，成为泡沫经济时代日本经济扩张的象征。 12月，在东京日经指数达历史最高点：41957.44点。
平成二年	1990	1月，长崎市长遭右翼极端分子袭击重伤。 2月，自民党在第39届众议院选举中保住了多数党地位。 3月，黑泽明获颁奥斯卡终身成就奖。 8月，日本政府表示将经济援助海湾战争中的多国部队。 12月，秋山丰宽成为首位进入太空的日本人。
平成三年	1991	1月，电视剧《东京爱情故事》（東京ラブストーリー）播放。 6月，云仙普闲火山爆发。同月，"日之丸"、《君之代》被明确认定为国旗、国歌。 11月，首相海部俊树辞职，宫泽喜一接任。

平成四年	1992	6月，通过《联合国和平维持活动协助法案》(PKO方案)。 7月，漫画《美少女战士》（美少女戦士セーラームーン）开始连载。 9月，自卫队被派往柬埔寨，也是自卫队第一次以"联合国和平维持活动"对外派遣。 10月，平成天皇访华，成为第一位访华的天皇。大藏省确认的银行不良债权高到12兆3000亿日元。
平成五年	1993	3月，自民党副总裁金丸信因涉嫌逃税被捕。 5月，日本职业足球联赛"J联赛"开幕。 6月，皇太子德仁与小和田雅子举行婚礼。 7月，第40届众议院选举举行，自民党大败。 8月，非自民党的多党联合推举细川护熙组阁。1955年以来，自民党第一次失去政权。
平成六年	1994	1月，《名侦探柯南》（名探偵コナン）开始在《周刊少年Sunday》连载。 4月，细川护熙借款丑闻曝光。联合执政党选举羽田孜为首相。 6月，由于羽田孜放弃与社会党再次联合，决定辞职。社会党委员长村山富市被推举为首相。 12月，作家大江健三郎获颁诺贝尔文学奖。同月，索尼发售PS游戏机。
平成七年	1995	1月，阪神大地震，造成6425人死亡。 3月，东京地铁发生沙林毒气袭击事件。两个月后，制造沙林毒气袭击事件的主谋奥姆真理教教主麻原彰晃等多人被捕。 4月，美元对日元汇率达到1比79.95。 5月，棒球选手野茂英雄代表洛杉矶道奇队出赛，时隔三十年，成为第二位登上美国职业棒球大联盟的日本人。 8月，"村山谈话"发表，承认过去日本殖民统治和侵略时所犯下的历史罪行，并进行反省和道歉。 9月，发生驻冲绳美军军人强暴幼女事件。 10月，举行第41届众议院大选，首次实行小选区比例代表并立制。同月，动画《新世纪福音战士》(新世纪エヴァンゲリオン）开播。

平成八年	1996	1 月，桥本龙太郎内阁成立。 7 月，桥本龙太郎参拜靖国神社。 10 月，第 41 届众议院选举举行，自民党获得近半议席。 12 月，发生日本驻秘鲁大使馆人质危机。
平成九年	1997	4 月，消费税提高至 5%。 7 月，宫崎骏执导的动画《幽灵公主》（もののけ姫）上映。同月，漫画《One Piece》开始连载。 10 月，电视剧《恋爱世纪》（ラブ ジェネレーション）开始播放。 11 月，北海道拓殖银行因不良债权的急速增加，宣布破产倒闭。山一证券倒闭，成为战后最大金融丑闻之一。 12 月，《京都议定书》签署。
平成十年	1998	2 月，长野冬奥会举行。 6 月，日本男足首次在世界杯决赛阶段登场。 7 月，因参议院选举惨败，桥本龙太郎辞职。小渊惠三内阁成立。 10 月，日本长期信用银行宣布破产。
平成十一年	1999	2 月，日本银行实施零利率。 3 月，歌手宇多田光的专辑《First Love》发行，成为史上日本及亚洲销量最高的音乐作品。 4 月，石原慎太郎当选为东京都知事。 8 月，《国旗国歌法》颁布实行。 10 月，自民党—公明党联合政权确立。
平成十二年	2000	4 月，首相小渊惠三突发中风，不治病逝。森喜朗接任。 6 月，发生雪印集体食物中毒事件，受害者达 1 万余人。

平成十三年	2001	1月，根据《中央省厅等改革基本法》，开始推动日本中央政府的改革，由1府22省厅变为1府12省厅。 4月，小泉纯一郎内阁成立。 7月，宫崎骏执导的动画《千与千寻》（千と千尋の神隐し）上映。
平成十四年	2002	5月，韩日世界杯开幕。日本男足在本届世界杯第一次跻身十六强。同月，日本经济团体联合会成立。 9月，首相小泉纯一郎访问朝鲜，日朝第一次首脑会谈举行。 10月，5名被朝鲜绑架的日本人返回日本。
平成十五年	2003	5月，通过《个人情报保护法》。 6月，韩国总统卢武铉访日，并与平成天皇会面。 11月，日本外交官在伊拉克遭射杀。
平成十六年	2004	1月，自卫队被派遣至伊拉克参与复兴建设。这是二战后日本第一次参与非联合国主持的海外派兵行动。 10月，棒球选手铃木一朗以单赛季262支安打，创造美国职业棒球大联盟史上的最高纪录。
平成十七年	2005	3月，爱知世博会开幕。 4月，《个人情报保护法》开始施行。 8月，第二次世界大战结束五十周年之际，小泉纯一郎发表讲话，承认殖民统治与侵略并表达歉意。 9月，第44届众议院选举举行，自民党大胜，其邮政民营化相关法案获得民意支持。
平成十八年	2006	3月，日本国家队夺得第一届世界棒球经典赛冠军。同月，滨崎步超越松田圣子成为日本史上拥有最多冠军单曲的歌手。 9月，首相小泉纯一郎卸任，安倍晋三成为下届首相。 11月，任天堂发售Wii游戏机，索尼发售PS3游戏机。

平成十九年	2007	1月，防卫厅升格为防卫省。 5月，著名歌手坂井泉水因事故去世。 9月，首相安倍晋三辞职，福田康夫接任。 10月，日本邮政公社实施民营化。
平成二十年	2008	6月，在东京秋叶原发生无差别杀人事件，造成7人死亡。 7月，八国集团会议在北海道举行。 9月，首相福田康夫辞职，麻生太郎接任。
平成二十一年	2009	5月，"裁判员制度"开始施行，被选出的普通市民将与法官一道参与部分重大案件的审理。 8月，第45届众议院选举举行。民主党获得压倒性胜利，自民党史上第一次成为参众两院的"第二大党"。 9月，鸠山由纪夫内阁成立。
平成二十二年	2010	2月，大相扑造假事件遭曝光。 3月，东北新干线全线通车。 5月，《国民投票法》开始施行，对修宪程序进行了规定。 6月，鸠山由纪夫因美军冲绳普天间基地迁移争议辞职，菅直人接任。
平成二十三年	2011	2月，任天堂发售3ds游戏机。 3月，日本东北地方太平洋近海发生地震，地震及海啸导致近2万人遇难。福岛第一核电站受波及，引发核泄漏事故。 7月，日本首次夺得女足世界杯冠军。 8月，首相菅直人辞职，野田佳彦接任。
平成二十四年	2012	12月，第46届众议院选举举行，民主党惨败，自民党夺回政权。第二次安倍晋三内阁成立。

平成二十五年	2013	6月，安倍内阁通过"日本复兴战略"。 9月，电视剧《半泽直树》（半沢直樹）最终回收视率近50%，成为社会流行现象。 11月，索尼发售PS4游戏机。 12月，安倍晋三参拜靖国神社。
平成二十六年	2014	3月，生物学者小保方晴子论文造假事件遭曝光。 4月，消费税增至8%。 7月，正式解禁集体自卫权。 9月，御嶽山火山喷发。 11月，著名演员高仓健去世。 12月，第47届众议院选举举行，执政联盟获胜。 日本职业棒球联盟成立80周年。
平成二十七年	2015	3月，北陆新干线通车。 9月，审议通过《安全保障关联法》，引发大规模民众集会抗议。 10月，日本开始实施个人身份证号码制度(个人番号)。 12月，日韩宣布达成慰安妇问题解决协议。
平成二十八年	2016	3月，北海道新干线通车。 4月，熊本地区发生地震。 5月，美国总统奥巴马访问广岛。 7月，昭和天皇发表电视讲话，表达了生前退位的愿望。 8月，小池百合子成为第一位女性东京都知事。 12月，安倍晋三以日本首相身份访问珍珠港亚利桑那号战舰纪念馆。同月，人气艺人组合SMAP正式解散。
平成二十九年	2017	2月，媒体曝光森友学园丑闻。 4月，安倍内阁就自卫队南苏丹维和部队日报隐瞒问题致歉。 6月，《组织犯罪处罚法修正案》(共谋罪法案)通过，引发全国性的民众抗议运动。 9月，熊猫"香香"在上野动物园出生，再次引发熊猫热潮。 10月，第48届日本众议院选举举行，自民党获得压倒性胜利。立宪民主党成为最大的在野党。

平成三十年	2018	2月，花样滑冰选手羽生结弦卫冕冬奥会金牌，成为66年来第一人。 5月，是枝裕和导演的《小偷家族》（万引き家族）荣获戛纳电影节最高奖。 7月，奥姆真理教教主麻原彰晃等七人被执行死刑。 8月，大阪桐荫夺得第100届夏季甲子园冠军。 9月，著名歌手安室奈美惠引退。
平成三十一年 令和元年	2019	4月，正式宣布新年号"令和"。天皇明仁退位，改称上皇。 5月，皇太子德仁继位，改元令和。 6月，G20峰会在大阪举行。 7月，京都动画公司第一工作室遭蓄意纵火，造成重大伤亡。 10月，消费税增至10%。日本关东、北陆、东北地区遭"海贝思"重创。天皇德仁正式举行"即位礼"。 11月，"赏樱会"丑闻爆发，安倍内阁支持率受重挫。

参考资料

○　档案

- 「上海地方ノ日本図書及日本語ニ関スル上崎司書ノ視察報告」、昭和十二年三月、外務省外交史料館、H-7-1-0-6。
- 「近衛内閣ニ対スル言論界ノ要望」、昭和 15 年 8 月 3 日、外務省外交史料館、A-5-0-0-1。
- 「一億総活躍社会の実現」、内閣官房内閣広報室。
- 「平成 26 年所得再分配調査』、厚生労働省。
- 「日本の子どもの貧困分析』、内閣府経済社会総合研究所、2017 年 4 月。
- 「平成 30 年ホームレスの実態に関する全国調査』、総務省統計局。
- 「衆議院議員総選挙 年齢階層別投票率の推移 (抽出) 」、岐阜県庁。
- 「高山市長選挙　平成 30 年一般選挙　期日前投票・不在者投票を投票区毎に集計した投票率」、高山市役所。

○　报刊

- 「朝日新聞」、「読売新聞」、「毎日新聞」、「週刊ダイヤモンド」、『スポーツ報知」

○ 回忆录、访谈及日记

| 日文 |

- 王貞治『回想』、勁文社、1981 年。
- 御厨貴・中村隆英編『聞き書宮澤喜一回顧録』、岩波書店、2005 年。
王貞治『野球にときめいて: 王貞治、半生を語る』、中央公論新社、2011 年。

| 中文 |

- 上海文艺出版社编:《鲁迅研究辑刊》(第一辑), 上海文艺出版社,
1979 年。
- 王贞治:《世界棒球王的回忆》, 宋丽红、王晨译, 人民体育出版社,
1986 年。
- 后藤田正晴:《情与理: 后藤田正晴回忆录》, 王振宇、王大军译, 世
界知识出版社, 2003 年。
- 中曾根康弘:《政治与人生: 中曾根康弘回忆录》, 王晓梅译, 东方出
版社, 2008 年。
- 福田赳夫:《回顾九十年——福田赳夫回忆录》, 谢秦译, 东方出版社,
2008 年。
- 宫崎勇:《日本经济政策亲历者实录》, 孙晓燕译, 中信出版社, 2009 年。
- 上海鲁迅纪念馆编:《内山完造纪念集》, 上海文化出版社, 2009 年。
- 唐纳德・里奇(Donald Richie):《日本日记(1947—2004)》, 周成林译,
上海译文出版社, 2011 年。

- 内山完造：《上海下海：上海生活35年》，杨晓钟译，陕西人民出版社，2012年。
- 大冢信一：《我与岩波书店：一个编辑的回忆（1965—2003）》，杨晶、马健全译，生活·读书·新知三联书店，2014年。
- 内山完造：《一个日本人的中国观》，尤炳圻译，新星出版社，2015年。
- 小林勇：《一本之道》，张伟龄、袁勇译，生活·读书·新知三联书店，2015年。
- 鹤见俊辅、上野千鹤子、小熊英二：《战争留下了什么？战后一代的鹤见俊辅访谈》，邱静译，北京大学出版社，2015年。
- 上田七加子：《无悔之路：与不破哲三共同生活》，郑萍译，中信出版集团，2018年。
- 高峰秀子：《我的渡世日记》，吴伟丽译，上海人民出版社，2019年。
- 加藤周一：《羊之歌：我的回想》，翁家慧译，北京出版集团公司，2019年。
- 是枝裕和等：《是枝裕和：再次从这里开始》，匡匡译，东方出版中心，2019年。

○ 研究文献

| 日文 |

- 本田靖春『村が消えたむつ小川原農民と国家』、講談社、1985年。
- 村上泰亮『新中間大衆の時代—戦後日本の解剖学』、中央公論社、1987年。
- 鈴木昭典『日本国憲法を生んだ密室の九日間』、創元社、1995年。
- 鈴木洋史『百年目の帰郷—王貞治と父・仕福』、小学館、2002年。

- 山田昌弘『希望格差社会 「負け組」の絶望感が日本を引き裂く』、筑摩書房、2004 年。
- 小林慶一郎「不良債権」，『独立行政法人経済産業研究所』，https://www.rieti.go.jp/jp/papers/contribution/keizaironsou/02.html。
- 中野瑞彦「ポスト平成不況の経済構造分析 -I」、『桃山学院大学総合研究所紀要』、第 34 巻第 1 号、19-30 頁。
- 中野瑞彦「ポスト平成不況の経済構造分析 -II」、『桃山学院大学総合研究所紀要』、第 35 巻第 1 号、19—30 頁。
- 雨宮昭一『占領と改革』、岩波書店、2008 年。
- 武田晴人『高度成長』、岩波書店、2008 年。
- 太田尚樹『伝説の日中文化サロン上海・内山書店』、平凡社、2008 年。
- 二宮清純『プロ野球の一流たち』、講談社、2008 年。
- 北康利『白洲次郎：占領を背負った男』、講談社、2008 年。
- 山本雅人『天皇陛下の全仕事』、講談社、2009 年。
- 吉見俊哉『ポスト戦後社会』、岩波書店、2009 年。
- 半藤一利『昭和史 -1945』、平凡社、2009 年。
- 半藤一利『昭和史戦後篇』、平凡社、2009 年。
- 尾崎秀樹『上海 1930 年』、岩波書店、2010 年。
- 中村計『甲子園なんてこなければよかった - 松井秀喜 5 連続敬遠の真実』、新潮文庫、2010 年。
- 孫崎享『戦後史の正体』、創元社、2012 年。
- 中田大悟「格差と貧困をどう解決するのか」，『独立行政法人経済産業研究所』，https://www.rieti.go.jp/jp/columns/a01_0353.html。
- 福永文夫『日本占領史 1945—1952：東京・ワシントン・沖縄』、中央公論新社、2014 年。

昭和風、平成雨

- 川西玲子『戦前外地の高校野球：台湾・朝鮮・満州に花開いた球児たちの夢』、彩流社、2014 年。

- 半藤一利・加藤陽子『昭和史裁判』、文藝春秋、2014 年。

- 後藤謙次『崩壊する 55 年体制（ドキュメント 平成政治史 第 1 巻）』、岩波書店、2014 年。

- 後藤謙次『小泉劇場の時代（ドキュメント 平成政治史 第 2 巻）』、岩波書店、2014 年。

- 後藤謙次『幻滅の政権交代（ドキュメント 平成政治史 第 3 巻）』、岩波書店、2014 年。

- 中野晃一『右傾化する日本政治』、岩波書店、2015 年。

- 藤田孝典『下流老人：一億総老後崩壊の衝』、朝日新聞、2015 年。

- 周燕飛「専業主婦世帯の貧困：その実態と要因」，『独立行政法人経済産業研究所』，2015 年 6 月，https://www.rieti.go.jp/jp/publications/dp/15j034.pdf。

- 乗松優『ボクシングと大東亜 東洋選手権と戦後アジア外交』、忘羊社、2016 年。

- 小野容照『帝国日本と朝鮮野―憧憬とナショナリズムの隘路』、中央公論新社、2017 年。

- 柄谷行人『思想的地震―柄谷行人講演集成 1995―2015』、筑摩書房、2017 年。

- 高嶋航「満洲における日中スポーツ交流 (1906―1932)：すれちがう 親善」、『京都大學文學部研究紀要』、第 57 号、2017 年。

- 渡辺眸『フォトドキュメント東大全共闘 1968―1969』、角川ソフィア文庫、2018 年。

- 片山杜秀『平成精神史：天皇・災害・ナショナリズム』、幻冬舎、2018 年。

- 金子勝『平成経済 衰退の本質』、岩波書店、2019 年。
- 吉見俊哉『平成時代』、岩波書店、2019 年。
- 保阪正康『平成史』、平凡社、2019 年。
- 田村重信『秘録・自民党政務調査会 -16 人の総理に仕えた男の真実の告白』、講談社、2019 年。

| 英文 |

- Ezra Vogel, *Pax Nipponica? Foreign Affairs,* Spring 1986, Vol. 64 Issue 4, p752-767.
- Gerald L. Curtis, *The Logic of Japanese Politics,* Columbia University Press, 2000.
- Ezra Vogel, *Is Japan Still Number One,* Pelanduk Publications, 2001.
- Junwei Yu, *Playing in Isolation: A History of Baseball in Taiwan,* University of Nebraska Press, 2007.
- Burton G. Malkiel, *A Random Walk Down Wall Street: The Time-Tested Strategy for Successful Investing,* W. W. Norton, 2007.
- Robert Whiting, *You Gotta Have Wa,* Vintage Books, 2009.
- Jake Adelstein, *Tokyo Vice: An American Reporter on the Police Beat in Japan,* Pantheon, 2009.

| 中文 |

- 都留重人：《日本经济奇迹的终结》，马成三译，商务印书馆，1979 年。
- 升味准之辅：《日本政治史》，董果良、郭洪茂译，商务印书馆，1997 年。

- 桥本寿朗、长谷川信、宫岛英昭：《现代日本经济》，戴晓芙译，上海财经大学出版社，2001年。

- 彼得·J. 卡赞斯坦（Peter J. Katzenstein）：《文化规范与国家安全：战后日本警察与自卫队》，李小华译，新华出版社，2002年。

- 吴寄南主编：《新世纪日本的行政改革》，时事出版社，2003年。

- 米尔顿·埃兹拉蒂（Milton Ezrati）：《变：日本变局将如何改变世界均势》，沈建译，新华出版社，2003年。

- 橘木俊诏：《日本的贫富差距——从收入与资产进行分析》，丁红卫译，商务印书馆，2005年。

- 山本祐司：《最高裁物语：日本司法50年》，祁玫、孙占坤译，北京大学出版社，2005年。

- 约翰·内森（John Nathan）：《无约束的日本》，周小进译，胡应坚校，华东师范大学出版社，2005年。

- 阿列克斯·科尔（Alex Kerr）：《犬与鬼：现代日本的坠落》，周保雄等译，中信出版社，2006年。

- 加文·麦考马克（Gavan McCormack）：《附庸国：美国怀抱中的日本》，于占杰、许春山译，社会科学文献出版社，2008年。

- 保阪正康：《昭和时代见证录：不可忘却的见证者》，冯炜、陆旭译，东方出版中心，2008年。

- 徐静波：《日本饮食文化：历史与现实》，上海人民出版社，2009年。

- 竹中平藏：《竹中平藏解读日本经济与改革》，林光江译，新华出版社，2010年。

- 鹈饲正树、永井良和、藤本宪一：《战后日本大众文化》，苑崇利、史兆红、秦燕春译，社会科学文献出版社，2010年。

- 礒崎初仁、金井利之、伊藤正次：《日本地方自治》，张青松译，社会科学文献出版社，2010年。

• 刘建平：《战后中日关系：不正常历史的过程与结构》，社会科学文献出版社，2010年。

• 查默斯·约翰逊（Chalmers Johnson）：《通产省与日本奇迹：产业政策的成长（1925—1975）》，吉林出版集团有限责任公司，2010年。

• 谢仕渊：《帝国的体育运动与殖民地的现代性：日治时期台湾棒球运动研究》（博士论文），（中国台湾）台湾师范大学历史学系，2011年。

• 白永瑞：《思想东亚：朝鲜半岛视角的历史与实践》，生活·读书·新知三联书店，2011年。

• 松本清张：《日本的黑雾》，文洁若译，人民文学出版社，2012年。

• 桥本健二：《战后日本社会阶级构造的变迁》，彭曦、朱冰、沈清清译，南京大学出版社，2012年。

• 稻继裕昭：《日本公务员人事制度》，黄元译，生活·读书·新知三联书店，2012年。

• 丹羽宇一郎：《新·日本开国论》，朗颖、葛建敏译，法律出版社，2012年。

• 保阪正康：《田中角荣的昭和时代》，林祥瑜、汪平译，南京大学出版社，2013年。

• 五百旗头真编：《战后日本外交史：1945—2010》，吴万虹译，世界知识出版社，2013年。

• 大嶽秀夫：《经济高速增长期的日本政治学》，吕耀东、王广涛译，社会科学文献出版社，2013年。

• 竹中平藏：《日本的反省：阻碍复兴的30个谎言》，周维宏、刘彬洁译，东方出版社，2013年。

• 北冈伸一：《日本政治史：外交与权力》，王保田、权晓菁、梁作丽、李健雄译，南京大学出版社，2014年。

- 城山英明、铃木宽、细野助博编著：《中央省厅的政策形成过程》，刘晓慧、刘星译，北京大学出版社，2014 年。

- 蒲岛郁夫：《战后日本政治的轨迹：自民党体制的形成与变迁》，郭定平、田雪梅、赵日迪译，上海人民出版社，2014 年。

- 松田武：《战后美国在日本的软实力：半永久性依存的起源》，金琮轩译，商务印书馆，2014 年。

- 安倍能成：《岩波茂雄传》，杨琨译，生活·读书·新知三联书店，2014 年。

- 榊原英资：《日本的反省：被狙击的日元》，周维宏、杨柳译，东方出版社，2014 年。

- 五十岚晓郎：《日本政治论》，殷国梁、高伟译，刘金才校，北京大学出版社，2015 年。

- 孙崎享：《日本的情报与外交》，刘林译，新华出版社，2015 年。

- 约翰·W·道尔（John W. Dower）：《拥抱战败：第二次世界大战后的日本》，胡博译，生活·读书·新知三联书店，2015 年。

- 波多野澄雄：《国家与历史：战后日本的历史问题》，马静译，社会科学文献出版社，2016 年。

- 吉见俊哉：《世博会与战后日本》，李斌译，南京大学出版社，2016 年。

- 福井绅一：《重读日本战后史：骏台预备学校讲义录》，王小燕、傅莹译，生活·读书·新知三联书店，2016 年。

- 傅高义（Ezra F. Vogel）：《日本第一：对美国的启示》，谷英、张柯、丹柳译，上海译文出版社，2016 年。

- 小熊英二：《活着回来的男人：一个普通日本兵的二战及战后生命史》，黄耀进译，广西师范大学出版社，2017 年。

- 半藤一利：《幕末史》，黄林雅译，（中国台湾）远足文化，2017 年。

- 小熊英二：《改变社会》，王俊之译，上海译文出版社，2017 年。

- 服部龙二：《大平正芳的外交与理念》，沈丁心、郭连友译，中央编译出版社，2017年。

- 丸山真男：《丸山真男讲义录》（第六册），唐永亮译，四川教育出版社，2017年。

- 夏树静子：《与手枪的不幸相遇：日本司法物语》，李昊译，北京大学出版社，2017年。

- 傅高义：《日本新中产阶级》，周晓虹、周海燕、吕斌译，上海译文出版社，2017年。

- 小熊英二：《活着回来的男人：一个普通日本兵的二战及战后生命史》，黄耀进译，广西师范大学出版社，2017年。

- 驹込武：《殖民地帝国日本的文化统合》，吴密察、许佩贤、林诗庭译，（中国台湾）台湾大学出版中心，2017年。

- 野口悠纪雄：《战后日本经济史：从喧嚣到沉寂的70年》，张玲译，民主与建设出版社，2018年。

- 河合隼雄：《神话与日本人的心灵》，王华译，生活·读书·新知三联书店，2018年。

- 河合隼雄：《民间传说与日本人的心灵》，范作申译，生活·读书·新知三联书店，2018年。

- 三浦展：《下流社会：一个新社会阶层的出现》，陆求实、戴铮译，上海译文出版社，2018年。

- 大前研一：《低欲望社会："丧失大志时代"的新·国富论》，姜建强译，上海译文出版社，2018年。

- 徐显芬：《未走完的历史和解之路：战后日本的战争赔偿与对外援助》，世界知识出版社，2018年。

- 华乐端（Lori Watt）：《当帝国回到家：战后日本的遣返与重整》，黄煜文译，（中国台湾）远足文化，2018 年。

- 宇泽弘文：《何为"成田"：战后日本的悲剧》，陈多友、李星译，杨晓辉校订，生活·读书·新知三联书店，2019 年。

- 顾若鹏（Barak Kushner）：《拉面：食物里的日本史》，夏小倩译，广西师范大学出版社，2019 年。

- 保罗·安德利尔（Paul Anderer）：《黑泽明的罗生门》，蔡博译，人民文学出版社，2019 年。

- 桥本明子：《漫长的战败：日本的文化创伤、记忆与认同》，李鹏程译，上海三联书店，2019 年。

- 马里乌斯·詹逊（Marius Jansen）：《坂本龙马与明治维新》，曾小楚译，上海三联书店，2019 年。

- 小原雅博著：《日本的选择》，王光涛、丛琬晶译，上海人民出版社，2019 年。

○　小说、散文

- 村上春树：《悉尼！》，施小炜译，南海出版公司，2012 年。
- 村上春树：《无比芜杂的心结：村上春树杂文集》，施小炜译，南海出版公司，2013 年。
- 村上隆：《跑啊！高桥》，张致斌译，湖南文艺出版社，2013 年。
- 伊坂幸太郎：《王者》，袁斌译，南海出版公司，2014 年。

鸣谢

本书的写作灵感、素材以及部分内容多来自于近年来为国内外各类媒体撰写文章时所做的积累，因此我要向《澎湃新闻·上海书评》的郑诗亮先生、彭姗姗小姐，《文汇报》的李纯一小姐、《图书馆研究》的金巧明先生、刘嫣小姐、上海译文出版社的陈飞雪女士、社科文献出版社的陆大鹏先生表示感谢。

本书第二部分的内容，最初缘起于我与徐靖女士、李思园小姐合作撰写的文章，因此必须向她们表达由衷的谢意，也期待她们各自的大作能早日问世。感谢哥伦比亚大学保罗·安德利尔（Paul Anderer）教授跟我分享了他年轻时代去神宫球场观赏比赛的独特经历，让人印象深刻，而他对黑泽明早年经历与

昭和风、平成雨

昭和时代文化的精湛研究拓展了我的视野。感谢日本众议院平将明议员曾在百忙中惠寄资料，同样使我受益颇丰。

　　我要向李若愚研究员、许金生教授、徐有威教授、马军教授、赵峥教授、王广涛研究员、高岛航教授、金丸裕一教授、伊藤亚圣教授、李彦铭教授、汪力博士、路平博士、刘晓晨博士、丁晨楠博士、奚伶博士、渡边千寻博士、黄立俊先生、权小星先生、程衍樑先生、杨一先生、华梦羽小姐、梁顺龙先生、魏迪英先生、朱敏洁小姐等谨致谢忱。在与他们的交流中，我总能获益良多。当然，本作的出版更离不开彭毅文小姐与肖月小姐的辛勤付出。

　　此外，还要特别感谢日本职业棒球联盟的千叶罗德海洋队与美国职业棒球大联盟的旧金山巨人队。尽管近年来两队都战绩不佳，但他们的比赛仍是我平日最好的消遣。

　　最后向我的父母致敬，本书也是献给他们的。

图书在版编目（CIP）数据

昭和风，平成雨：当代日本的过去与现在 / 沙青青
著 .-- 桂林：漓江出版社，2021.1
ISBN 978-7-5407-8981-7

Ⅰ . ①昭⋯ Ⅱ . ①沙⋯ Ⅲ . ①社会生活 – 历史 – 研究
– 日本 Ⅳ . ① K313.07

中国版本图书馆 CIP 数据核字 (2020) 第 237836 号

昭和风，平成雨：当代日本的过去与现在

ZHAOHE FENG, PINGCHENG YU：
DANGDAI RIBEN DE GUOQU YU XIANZAI

作　　者：沙青青

出 版 人：刘迪才
品牌监制：彭毅文
责任编辑：肖月
装帧设计：千巨万工作室
责任监印：陈娅妮

漓江出版社有限公司出版发行

社　　址：广西桂林市南环路 22 号 邮政编码：541002
发行电话：010 - 65699511　0773 - 2583322
传　　真：010 - 85891290　0773 - 2582200
邮购热线：0773 - 2583322
网　　址：www.lijiangbooks.com
微信公众号：lijiangpress

印　　制：北京中科印刷有限公司
（北京市通州区工业区 1 号楼 101 号 邮政编码：101118）
开　　本：787mm × 1092mm 1/32
印　　张：10.25 字数：175 千字
版　　次：2021 年 1 月第 1 版
印　　次：2021 年 1 月第 1 次印刷
定　　价：58.00 元

胭+砚
project

胭砚计划（按出版时间顺序）：